青春的花开花谢让我疲惫却不后悔，
四季的雨飞雪飞让我心醉却不堪憔悴。
纠缠的云纠缠的泪，纠缠的晨晨昏昏，
流逝的风流逝的梦，流逝的年年岁岁。

——歌曲《青春》　沈庆演唱

现在，

青春是拿来奋斗的

学习粉丝团访谈录

《超级90后》编辑部·著

许洁·主编

插图本

中国青年出版社

图书在版编目（CIP）数据

学习粉丝团访谈录：现在，青春是拿来奋斗的 / 超级90后编辑部著；许洁主编.
—北京：中国青年出版社，2015.1
（超级90后系列）
ISBN 978–7–5153–2873–7

I.①学… II.①超… ②许… III.①爱国主义教育—中国—青少年读物
IV.① D647-49

中国版本图书馆CIP数据核字（2014）第 251529 号

书　　名：学习粉丝团访谈录——现在，青春是拿来奋斗的
著　　者：超级 90 后编辑部
主　　编：许　洁
责任编辑：庄庸　王昕
特约策划：张瑞霞
内文插图：达志影像
出版发行：中国青年出版社
社　　址：北京东四十二条 21 号
邮　　编：100708
网　　址：www.cyp.com.cn
门 市 部：（010）57350370
印　　刷：三河市君旺印务有限公司
经　　销：新华书店
开　　本：787mm×1092mm　1/16
印　　张：17.25
字　　数：300 千字
彩　　插：18
版　　次：2015 年 3 月北京第 1 版
印　　次：2015 年 3 月河北第 1 次印刷
印　　数：0,001~3,000 册
定　　价：29.80 元

contents
目　录

我的青春

　　"人的一生只有一次青春。现在，青春是用来奋斗的；将来，青春是用来回忆的。"

　　"为每个青少年播种梦想、点燃梦想，让更多青少年敢于有梦、勇于追梦、勤于圆梦，让每个青少年都为实现中国梦增添强大青春能量。"

　　"只有每个人都为美好梦想而奋斗，才能汇聚起实现中国梦的磅礴力量。"

　　……

　　习近平总书记的一系列重要讲话，为中国青少年提供了有梦、追梦、圆梦的"成长励志新语录"；而以超级 90 后为代表的青少年成长思考和青春奋斗体验，也为中华民族伟大复兴的中国梦，提供了"以青春之我……，创建青春之国家，青春之民族"的"青春正能量故事"。

　　在习近平总书记和超级 90 后的"青春对话录"中，我们寻找到了"学习青春正能量、践行我的中国梦、见证成长见证爱"的成长、教育和实践交融的最佳路径。

　　于是，《学习粉丝团访谈录》诞生了——它在访谈大量 90 后的基础上，采集青少年经典案例、思想情报和热点话题，讲述了 90 后学习习近平总书记重要讲话、参加"我的中国梦"主题教育实践活动、制造和传递青春正能量的励志

我的中国梦

学习青春正能量
见证成长见证爱

故事和成长思考——我的青春我的中国梦。

在这个过程中，有无心的聊天，有疑虑的探究，有争执的火花。

从当年甲A赛场上的一句震耳欲聋的"雄起"，到现在的人人皆向往的"正能量"；从"我的青春我的梦"，到"为中国梦而奋斗"……中国人心中对于那种积极向上、努力拼搏的力量的向往，从未消失。

放到现今90后青少年的身上，亦然。

这里纪录着一个个真实的"学习"、"谈话"和"实践"的"青春中国梦故事"。这些故事，有对青春的疑虑，有对未来的畅想，有对社会的责任和思考，有对信任、关爱、温暖那些青春正能量和中国梦因素的探究……让我们看到，这些90后青少年们，他们在想什么，他们在说什么，他们在做什么。

我纪录下这些少男少女的故事，他们所渴望的、所追求的、所执著的，有希冀，有欢喜，更有疑惑、挫折和伤痛……这些，是成长的故事，更是在青春追梦的路上的点点滴滴。

青春追梦，不仅仅是梦想和希冀，更是责任和担当。

梦想生长的土壤是什么？

是青春正能量的力量，是伟大祖国的力量。

钓鱼岛事件后，微博上热传一个"90后说"——爱国也要有正能量——"我们抵制日货，并不是要砸自己的日货。他们做得好，我们的官员比他们的清廉，我们的街道比他们的干净，然后，我们的桥也比他们的结实，还有我们的年轻人，比他们更有未来，更有希望。"

这是一种很可贵的积极的心态，这就是正能量。

国家的崛起，民族的复兴，需要正能量的输入，而这些新鲜的血液正在向我们讲述他们青春正能量的故事。

在这些"故事"中，我感知到——人的本质差别和变化不大，只是因为时代的变化而赋予了他们不同的表征。

所以，90后的世界观、人生观和价值观，和上一辈的人比起来，在外表所呈现的自是不同。但是内心的热情，我中国之少年的激昂，从未改变。

一个生于1996年的少年对我说，爱祖国，爱人民，就是要对那些不好、阴暗的地方敢于担起责任的勇气；对那些真正的贫弱者和不公义的地方要有同情心；对那些仍需要我们努力发展的地方要有奋斗心。

责任，悲悯，奋斗。

这是他解读的爱国心，也是一个少年的赤忱之心。

我承认，在这之前，我根本没有想到这样一个带着魔声耳机听着重金属的"新青年"会说出这样正统的话来，也没有想到在他心目中的爱国和爱人民是这样一个定义，并且还能够如此地紧密联系。

我为我用成人偏执的眼光，来看待他们"90后"的印记而感到抱歉。我的心态也愿意向这些"新青年"们靠拢，我觉得这是个充满青春正能量、"我的中国梦"的代名词。

所以，我纪录下这些青春的故事，提醒我们思考：当当年那些对70后、80

后的指责声渐渐淡去，"妖魔化" 90 后的声音逐渐泛起时，我们是否也可以从一个更加公允的角度来看待这些生于 1990s 的 "新青年们"？

不是仅仅因为他这么说，更不是因为他说了这样一句话。

而是这里面所蕴含的青春和梦想的希望和力量。

这亦是在重新界定我们的责任，在 "我的中国梦" 主题教育实践活动中，如何引导 90 后青少年？

那就是：从 90 后的现实生活、青春潮流、成长问题和思想情报……出发，把青少年的 "自我教育"、社会各界的 "成长指导" 和党与国家的 "成才期望" 结合在一起，指引他们 "把保持个人理想、追求成长发展与树立通过自身努力让更多人过上更好生活的社会理想结合起来，最终统一在中华民族伟大复兴的'中国梦'这个共同理想上来"。

学习青春正能量，践行我的中国梦，见证成长见证爱，把 90 后青春时尚的先锋潮流和社会主流价值观念的舆论引导相对接，培养 "三观"（世界观，人生观，价值观）正确的杰出青少年，重塑从爱党、爱国、爱社会主义到爱国、爱民族、爱人民的 "三热爱" 新青年，让他们真正代表整个国家和民族的未来！

这，就是这本 "青春访谈录" 的理念和宗旨。

谨以此为序。

（备注：有一点需要说明的是，本书中所有人物和事件都是真实的，但出于保护未成年人的隐私等考虑，我们在 "名字" 和 "故事" 上做了适当处理。）

　　"人的一生只有一次青春。现在，青春是用来奋斗的；将来，青春是用来回忆的。"

　　　　　　——习近平（《在同各界优秀青年代表座谈时的讲话》，2013年5月4日）

现在，青春是用来奋斗的

青春奋斗论

"青年朋友们，人的一生只有一次青春。现在，青春是用来奋斗的；将来，青春是用来回忆的……只有进行了激情奋斗的青春，只有进行了顽强拼搏的青春，只有为人民作出了奉献的青春，才会留下充实、温暖、持久、无悔的青春回忆。"

2013年5月4日上午，习近平来到中国航天科技集团公司中国空间技术研究院，参加"实现中国梦、青春勇担当"的五四青年节主题团日活动，同各界优秀青年代表座谈并发表重要讲话。

在讲话的最后，他提出了"现在，青春是用来奋斗的"这样鼓舞激励当代中国青年的"奋斗的青春"论。

青春有梦，中国有梦。

习近平强调，为实现中华民族伟大复兴的中国梦而奋斗，是中国青年运动的时代主题。这激励并感染着广大青年：中国梦是我们的，更是你们青年一代的。中华民族伟大复兴终将在广大青年的接力奋斗中变为现实。

这应该成为每一个青少年的"时代座右铭"。

·········青春不是拿来挥霍的·········

"肖夏觉得所有的时间都应该用来学习，用来为未来铺路，这就是他认可的青春的价值；而你觉得，青春就代表着富裕的时间，可以用来做你喜欢做的事情，这就是'标准'的不同。"

未来，我们报什么专业？

流光似火的六月，午后正毒辣的烈日，窗外不停聒噪的蝉鸣声，也阻挡不了这群即将开始高三生活的少男少女们对于未来的憧憬。

作业和考试的压力太沉重，遥想未来，是用来放松的最美妙的"白日梦"。

"嗨，你们打算报什么专业啊？"不知是谁，挑起了话头。

这虽然是个现实逼近的话题，但充满着畅想的意味。一下子，就让那周围的一圈人，放下书本，围坐到了一起。

"我喜欢哲学，想读社会学或者人类学，可是我爸妈说我有病，学这种没用的专业，非让我去读金融。"

　　说这话的，是"假小子"周佳琪。

　　平时她就喜欢读历史、哲学类的书，但不是那种埋头书堆的文静姑娘，反而自有一种干脆爽朗的气质。

　　听到"读社会学和人类学"这几个字，原本只是"经过"走廊窗外的我停住了脚步。

　　这对于大部分学生来说，还真是个冷门的专业。

　　这个姑娘，有点意思。

　　"我爸也说金融好会计好，说世界怎么发展都离不开经济。"

　　高高胖胖的赵大元是班里的体委，说话的嗓门很大。

　　周佳琪不假思索地奚落道："你数学又不好，学什么会计！"

　　这"假小子"的嘴，总是毫不留情。

　　赵大元却没有半点儿不好意思。

　　他抹抹脑门上的汗珠，哀叹一声："没用！他们知道我数学差，但是说做会计是万金油，以后找工作实用。"

　　"唉！"叹息也像打哈欠一样会传染，周佳琪也是一声叹息，"我爸也是这么说的，实用！说我不现实，以后没饭吃了就得哭！"

　　"你们谁比得了我啊，从小就被逼着练琴！好吧，练了半天好不容易我有点兴趣了，还不许我考音乐学院，说搞艺术的太难，没有出头之日。"

　　漂亮的沈敏佳在周佳琪身边忽闪着大眼睛，委屈地说道。

　　沈敏佳是学校的第一小提琴手，也是高二（三）班的班花。

　　"就是就是，我想学传媒做新闻，我妈也不答应，说太累，说女孩子应该安分点稳定点。"

　　……

聊天立马从对青春梦想的憧憬，变成了对父母强权的抱怨。

我们的青春不自由？

我走进教室。看到有个男生一直没有吭声，只是听着大家说。

那是肖夏。他是个传统意义上的"乖孩子"，天天穿校服，上课从不迟到，学习认真。

这个个子不高的男生平日里不怎么爱说话，但是偶尔会语出惊人，心里是很有自己的想法和主意的。

现在，大家都在嚷嚷着抱怨的时候，他还是如秋叶一般的静谧。

"所有的现实都是和自由相对抗的，我们的青春，非现实，不自由！"
周佳琪凝神，迸出了这么一句"小哲学家"的话来。

沈敏佳闪动着长长的睫毛，原本就大大的眼睛睁得更大了。

她拍手感叹道："佳琪，你说的太好了！青春，就应该是拿来疯，拿来爱，拿来挥霍的！不然，我们要青春干什么！我们不要现实，要自由！"
沈敏佳的动人的眉眼间，当真有着青春飞扬的神采，眼睛很亮。

"青春都被你挥霍了，以后你拿什么过？"
肖夏冷冷的声音传了出来，眼神清明，带着微不可见的轻蔑。
大家一愣，我也是一愣。
说完了这一句，他却不再说话。

沈敏佳本来就伶牙俐齿，被抢白了后自然不痛快。
她立马反驳道："那把 18 岁当 80 岁过就好了？等你 80 岁的时候，想过 18 岁的日子，还过不了了呢！"

肖夏不吭声。

沈敏佳不依不饶："18 岁的时候不率性，不敢爱敢恨，不去享受青春，那就真是白活了！"

肖夏面色不改，抬了抬眼镜："我想听听你的率性，敢爱敢恨和享受青春是怎么个意思？"

沈敏佳一愣，大概是她本以为他是要反驳她，没想到他却是反问了她。

想了想，她说："率性就是自由选择的权利，我有权利选择我想要的，而不是家长们让我要的；享受青春就是我可以过我想过的日子，比如我想壮游一年去尼泊尔，而不是走完黑色高三后，立马去上大学；敢爱敢恨这就不用我说了吧，要是 18 岁之前都没谈过恋爱，你到了 80 岁都会觉得遗憾的！"

沈敏佳一口气说完，激动得脸上有些泛红，些许的刻薄下字字掷地有声。

我也在心里微微一笑。

我敢说，在场的其他人，除了肖夏之外，都在心里为她鼓掌，觉得沈敏佳说出了自己的心声。

青春用来挥洒个性的时光？

在众人注视的目光下，肖夏还是那温和的笑容，说："个人想法不同，不强求。"

那笑容清淡得让人觉得，他对刚刚那番大家觉得淋漓尽致的话根本不屑一顾。

沈敏佳面色一冷，本以为他会反驳，突然又落了空，心里觉得很不舒服，想要抓着他不放，就追问道："你是什么想法你说啊！"

"我说了你可要不高兴了。"

"你说！"

"我还想先问问你，你说想要选择你想要的，你想要的到底是什么？想要去壮游一年？想要去谈恋爱？"

沈敏佳还没来得及回答，肖夏就接着说道："你想要的，无非是怎么不辛苦怎么来，怎么不为自己的未来考虑怎么来！"

沈敏佳气得快要跳起来了："你凭什么这么说我！"

肖夏的表情还是淡淡的："我可不是想和你吵架，你自己说了不会不高兴的。"

我赶紧拉住沈敏佳，还有也是一脸愤慨的周佳琪，转向肖夏："肖夏，你这么想，总有你的道理，说说吧。"

肖夏说："想要去壮游，需要钱；想要去谈恋爱，需要牺牲学习的时间；钱从哪里来？时间从哪里来？你花着父母的钱，用着他们花学费，买你自己的时间，还嚷嚷着说家长给你的都是强加给你的！我看你是选择性需要，只需要钱和时间，不需要被管理。"

这番话说得刻薄而冰凉，但是不无道理。

周佳琪反驳："你是乖孩子，当然这么说。"

赵大元也帮腔说话："行游天下，是长见识的，不是说'读万卷书不如行万里路'嘛，怎么能说是浪费时间呢？"

肖夏的神情很认真："出去玩和恋爱当然是开心的，因为没有现实的压力，你不用紧张明天就要出来的托福分数，不用考虑选修课都已经被报满了，这个学期的学分怎么办，那当然轻松自在！"

沈敏佳抢白道："我又不是说我只是想着坑和谈恋爱，我是说，我们的青春不能只有书本和课堂，那样的青春是苍白的！"

不等肖夏回应，沈敏佳又继续说："你别说我不懂，五四运动，不就是靠的青年人！要是都在课堂读圣贤书，咱们国家都没人拯救了。"

瞧，这场聊天已经上升到了一场辩论。

肖夏的表情变得不屑："哼，你还别说这个，这就是我要说的。你可别把自己往革命者身上靠，人家革命者流血牺牲，那是付出！你干什么了？为了去尼泊尔扭伤了脚？为了谈恋爱流了几滴眼泪？还拯救国家？切。"

沈敏佳的脸上一阵红一阵白："你只会读书，青春给你都浪费了！"

肖夏毫不相让。

"要是我等到收不到大学Offer的时候再想去背单词，等到找不到好工作的时候再想着去充电考证，等创业失败的时候再想着去拓展人脉资源，我的青春才真的是浪费了！"

沈敏佳气急："你，我和你没法说！"

眼看就要"吵"起来了，我赶紧劝阻："各人有各人的想法，你可以说你的，我可以保持我的，咱们这是交换看法嘛，不要吵架。"

肖夏点头，说："我是在说我自己的想法。我是相信'少年不努力，老大徒伤悲'的，所以我不能浪费我的青春。"

真正不"浪费"的青春

沈敏佳刚要反驳，我拦住了她。

我说："肖夏的话让我想起了一个女生，她在读大学，很努力很辛苦地在修双学位，每天晚上写作业都要到两三点，经常通宵不能睡觉。我曾经问过她为什么把自己弄得那么辛苦，为什么其他同学都可以晚上发微博说做了蛋糕、在哪里约会等等。她就笑，说，她其实也羡慕这样的日子，但是她想着在20岁的时候能够多给自己一点压力，那么到 30 岁的时候也许会轻松一点。"

周佳琪问道："老师，那你是赞同'耗尽青春，来博取一个所谓高富帅的未来'了？"

我听得出她这句话里的否定，笑着说："肖夏刚刚说'浪费青春'，你们不认同，那是因为你们对于'浪费'的标准界定不一样。"

标准问题是很多事情会发生争执的根本缘由。

人人心中都有一杆秤，只可惜那杆秤本身就不是标准化定制的。

我坐了下来，说："肖夏觉得所有的时间都应该用来学习，用来为未来铺路，这就是他认可的青春的价值；而你觉得，青春就代表着富裕的时间，可以用来做你喜欢做的事情，这就是'标准'的不同。"

我问沈敏佳："你那么着急，是因为你怕到了 30 岁你就有心无力，想做什么也被束缚了做不了了，怕遗憾和后悔，是不是？"

沈敏佳赶紧点头："是！就算到了 30 岁我还能做，但是那感觉可就完全不一样了啊。"

我点头："我曾经也像你这么想过。可是，正因为我们太害怕'浪费青春'，所以才真的不能'浪费'；很多事情，你 18 岁的时候不做，到了 30 岁，想做也做不成了。好比，你现在的学习，就是。"

"老师，你又在谈学习！"赵大元抱怨道。

"呵呵，"我笑了，"不是我要谈学习，而是因为你们现在逃不开学习，想逃也逃不开。"

"我问你，沈敏佳，"我转向沈敏佳，"好比你说要去壮游，是为了什么？只

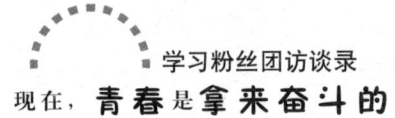
是为了出去玩一趟吗？"

"当然不是，壮游本身是有着很丰富的涵义的，我是想去磨炼自己的。"沈敏佳撅着嘴。

"磨炼自己又是为了什么呢？"我追问。

"为了以后啊，"沈敏佳想了想，说，"为了我能看到更广阔的世界吧。"

"这就是了，这说明你也不是毫无目的的欢愉啊。"

我说："青春太宝贵，挥霍青春太可耻。即使你要疯要闹要开心，要纯粹的欢愉，也要知道，'享受青春'是需要资本的。若是青春里没有付出，我们拿什么来谈未来？青春里任何一点积累或者挥霍，都会在未来被放大无限倍。"

用奋斗为青春埋单

周佳琪这个小哲学家又现身了："任何人都要为自己的选择埋单。"

沈敏佳仿佛还有些倔犟："那要是我愿意为自己现在的瞎玩瞎闹埋单呢？"

"你可以这么想，"我看着她，"但是若是你现在都没有努力和付出，以后拿什么埋单呢？你的音乐梦想，又拿什么来埋单呢？

沈敏佳不说话了。

"敏佳，你手指上磨了多少个茧子，才能练出今天的第一小提琴手？赵大元，你崴了多少次脚流了多少汗，才能成为篮球队长？谁试过不付出就能实现梦想？"

我看着大家，说："出去玩也好，读书也好，只要是能锻炼自己的，都是好的。青春太短暂，未来不是空想，一切只能靠你们自己的努力。"

肖夏抬手推了推眼镜，说："我想到了这样一句话——'有艰难的时候，也必有欢愉的时光，你的今天，就看得到你的明天。'"

正是如此。

学习 青春正能量

青春是用来做什么的？

这是一个太大的命题。即便经过青春的人也会觉得有些无所适从，因为，说着"青春无悔"的人，其实往往是最想吃后悔药的。

怎样，才能"无悔"？

对于肖夏和沈敏佳的争论，我们无法苛责太多——青春本来就是神采飞扬的自由，允许出现不同的梦想和追求。

他们，只不过代表着当下 90 后两种不同观念的 PK：一种是趁青春年少，当享受的就要享受；另外一种是青春不是拿来挥霍的，而是用来奋斗的，"未来在奋斗中向我奔来"。

就我自己而言，我比较倾向于"现在，青春是用来奋斗的"。

"人的一生只有一次青春。现在，青春是用来奋斗的；将来，青春是用来回忆的。……只有进行了激情奋斗的青春，只有进行了顽强拼搏的青春，只有为人民作出了奉献的青春，才会留下充实、温暖、持久、无悔的青春回忆。"

唯有奋斗，才能为无悔的青春埋单！

青春是用来做什么的？青春是我们践行梦想的试验田。

"梦在前方，路在脚下。"——志存高远，脚踏实地，才能放飞青春的梦想。

保尔·柯察金的名言至今还回荡在我们每个人的心头：人最宝贵的东西是生命，生命属于人只有一次。一个人的一生应该是这样度过的：当他回首往事的时候，他不会因为虚度年华而悔恨，也不会因为碌碌无为而羞耻。

若想要青春美好，想要梦想飞扬，想要"无悔"，那就用你的激情奋斗，用你的顽强拼搏，来留下一段充实温暖的青春回忆。

回忆是今后的事情！

而现在，为之奋斗吧，少年们！

"只有每个人都为美好梦想而奋斗，才能汇聚起实现中国梦的磅礴力量。"

惋叹的岁月里写下了多少感叹号，
躁动的日子里起航了多少的港湾，
笑容不再是纯纯白白的青涩，
原来青春是一场没有回程的旅途。

——歌曲《青春格言》 熙道演唱

"人生之路，有坦途也有陡坡，有平川也有险滩，有直道也有弯路。……青年时期多经历一点摔打、挫折、考验，有利于走好一生的路。"

——习近平（《在同各界优秀青年代表座谈时的讲话》，2013 年 5 月 4 日）

经历一点摔打，有利于走好一生的路

青春挫折论

"人生之路，有坦途也有陡坡，有平川也有险滩，有直道也有弯路。……青年时期多经历一点摔打、挫折、考验，有利于走好一生的路。要历练宠辱不惊的心理素质，坚定百折不挠的进取意志，保持乐观向上的精神状态，变挫折为动力，用从挫折中吸取的教训启迪人生，使人生获得升华和超越。"

习近平的这一段话，发人深省，既是对青年人的鼓励，也饱含着期待与关怀。

歌德说过："流水在碰到抵触的地方，才能激发它的活力。"

困难和磨砺是照进梦想的明灯，挫折和考验是指引梦想的灯塔，而摔打和麻烦，激发我们的潜能，磨炼我们的意志，使我们在风雨中尽快地成长。

没有播种，何来收获；没有辛劳，何来成功；没有磨难，何来荣耀；没有挫折，何来辉煌！

面对成长过程中的挑战、挫折，青少年正确的选择就是锲而不舍，勇往直前，不怕千难万险，"就像海洋，只有意志坚强的人，才能到达彼岸。"（马克思）

这才是挫折给青春带来的最好的人生财富。

·········坚守内心的纯净和原则需要抗争·········

"因为全是黑的只有一点白，你就觉得该否定这点白？你们会抱怨、指责社会上的一些黑暗和不公义的地方，但是为什么轮到自己头上，却不能坚守道德，坚持公义呢？"

谁对谁错不重要。

这个内心坚守的少年在遇到这样的"坎"的时候，到底会怎么选择，怎么坚持，才是更重要的。

优等生也"作弊"？

今天下午是期中考试的最后一科，数学。

这可是"兵家必争之科"，考场的气氛异常紧张。

离交卷还有十五分钟。

"啪！"一个小纸团神一样地飞到了高二（三）班班长宋天翔的桌子上。

宋天翔明显一愣，还没来得及看到纸团是从何而来，就听到旁边座位的周娜大叫："监考老师，他作弊！"

监考老师刘兴华正好就在宋天翔的右后方，一个跨步，就抢到了那个纸团。

打开一看，里面密密麻麻地写着选择题的ABCD。

刘老师年纪已经很大了，花白的头发颤颤地摇晃。这种"老"老师，向来嫉恶如仇。对于作弊的学生，他一向是毫不手软："你，起来！"

宋天翔一下子就懵了。

周娜尖锐的声音还刺耳地在耳边回响，他就看到了坐在自己前面的王波得意地回过头来笑。

对！就是王波！纸条就是从王波那里飞过来的！

"老师，我没有作弊！"宋天翔立刻为自己辩解。

"那这是什么?!"

刘老师口气轻蔑，脸色铁青。

当了这么多年的老师，见过有了证据还抵赖的学生，却没见过抵赖抵得这么理直气壮，还要倒打一耙的！

"他是故意的！"

"他为什么故意?! 你还想狡辩?!"

情急之下的宋天翔忘了，期中考试都是不同年级的老师调换，刘老师根本不认识他这个"第一名"的学生，加上刘老师的铁面无私全校闻名，证据在手，任你说破了天也不行。

优等生宋天翔这就被当场给定了罪——卷子没收！零分！

"老师！他成绩那么差我不可能抄他的，我是被冤枉的！"宋天翔涨红了脸。

刘老师冷冷一笑，这样的学生，他见得多了，哪个不喊冤？

于是，刘老师根本不理睬眼前这个一脸焦急的男生，拿起卷子就要走。

"周佳琪！"无奈之下，宋天翔把求助的目光投向了副班长周佳琪，希望她能帮自己澄清。

可是，周佳琪的目光刚一接触到，就立马移开了，扭头和沈敏佳不知道在嘀咕什么。

"大元！"宋天翔转向赵大元。

"啊？"赵大元坐在最后一排，好像根本不知道这个小小的教室里发生了什么，一脸疑惑的表情。

整个教室里，一片诡异的安静。

"王波你为什么要这么做？"宋天翔愤恨地盯住了肇事者王波，吼了出来。

"什么啊，不是你让我给你传的吗?!"王波的演技高超，一脸无辜的样子。

临了，还叹了口气，做出一副被连累的遗憾的样子。

传纸条的和收纸条的，是同罪，一样要零分计算。

但这对于王波这个一贯数学不及格的人来说，自然是无所谓的。

舍得一身剐，敢把皇帝拉下马。

就是因为他上次要自己给他看答案，自己没给吗?!

多么荒谬的原因，和人生！

宋天翔怔住了。

刘老师看眼前的男生不再说话，心想他终于放弃了抵抗，拿起卷子就准备离开。

不过，姜还是老的辣，班上气氛的异样刘老师又怎么看不出来，于是他对宋天翔说："你有什么要说的，找你们班主任去说吧。"

留下了这句活话，就走了。

他为什么被集体构陷？

监考老师一走，教室里立刻就喧闹了起来。

宋天翔还站在那里，一言不发。

他像个没有卸妆的小丑，还傻站在已经拉下大幕的舞台中央。

"你快去找班主任老师说说吧。"周佳琪这时候开口了，目光里有着说不清楚的意味。

"去吧。"沈敏佳也轻声附和。

宋天翔没有看她们，也没有应声。

他几乎是跑着离开了教室。

此刻，赵娜尖锐的声音，王波得意的笑容，周佳琪移开的目光，赵大元疑惑的表情，沈敏佳的沉默……都还在宋天翔的眼前、心头盘旋。

这个"零分"的事实，和众人的变脸，让他觉得纷乱非常。

一股酸涩的味道从心底涌了上来。

眼泪，就要夺眶而出。

我是从赵大元那里知道这个消息的。

"老师，刚刚宋天翔作弊被抓了。"赵大元一路跑过来，还有些气喘。

"啊？"这个消息确实让人吃惊。

"他是被冤枉的。"赵大元的声音沉闷。

这更加让我吃惊。

"我来说吧。"周佳琪不知道什么时候也站在了门口。

她简明扼要地说了前因后果，说了也许是赵娜和王波为了"报复"，所以才构陷了宋天翔一把，也说了当时的情形，说宋天翔从涨红了脸到面无表情地从教室跑开。

"我们有点担心他，他一向和您关系比较好，我们觉得他会来找您。"周佳琪说道。

"对，对，您帮着劝劝他。"赵大元赶紧补充来意。

构陷，争吵，离开……这种小说里的桥段让我震惊。

但是我想到了另外一点。

"你们当时都没有吭声？"我看着周佳琪和赵大元。

在他们的描述里，在宋天翔和刘老师争辩的时候，仿佛没有他们两个的出场。

周佳琪把目光移开了。

赵大元有些结舌，犹豫地回答道："没。"

我追问："你们为什么不站出来帮他说话？"

"我们，我们当时能说什么呢，刘老师手里拿着纸条呢。"

我的心里一声叹息。

"你对宋天翔有意见？"我问赵大元。

没想到，平日里的好哥们儿关键时刻居然会反水。

"不是，不是，"赵大元连连摇头，说，"我不是对天翔有意见。"

"那为什么不帮他说话？"

赵大元搓着双手，似乎有话想说，但又不知道该怎么说，一副欲言又止的样子。

现在，青春是拿来奋斗的

"周佳琪，你说。"

我转向周佳琪，说："你们既然来找我，就是关心宋天翔，你们还关心他，说明你们还把他当朋友。是朋友，为什么知道他是冤枉的当时还不吭声？这里面，到底还有什么事情？"

周佳琪的刘海低低地垂下。

少女的心思，千丝万缕。

"我们不是不帮他，只是想给他一点教训。"赵大元吭吭哧哧地挤出了这么一句。

"教训？"我糊涂了。

"宋天翔平时不会做人，自以为是，把班里同学都得罪光了还不知道。我们只是想让他知道，他也会有需要我们帮忙的时候。"周佳琪的语气平静。

"什么意思？"

赵大元插话，嘟囔着说道："他平时总是拿着班长的架子管大家，管得太烦了，做个值日天天催催催，比老师还烦。好像我们天天在犯错，就他一个人没错。"

"所以你们想这么'教训'他？"我真是又好气又好笑。

"是啊，他平时成绩那么好，找班主任说说就行了，一看就知道是王波他们故意的，不会真的算他零分的。"赵大元抓抓脑袋。

"可是你们没想到他那么激动？"我看着他们两个。

"嗯，没想到他那么激动，没想到他就这么跑了出去。"周佳琪愁眉不展。

为什么要教训一个坚持规则的人？

"你们不应该这么做！"我斩钉截铁地说。

周佳琪和赵大元不吭声。

我说："宋天翔管你们，是履行班长的职责，执行管理的权利。也许他在具体执行中没有领导艺术，让同学心里不那么容易接受，但是从本质上来说，是没错的。老师管你们，你们觉得烦，但碍于身份有别，所以不敢吭声。换到宋天翔，你们就觉得他只是个身份平级的同学，凭什么比老师还像老师，所以就觉得烦了，是不是？"

赵大元点头："他就是比老师还像老师……"

"但是他管得对吗？他是不是按照该做的事情来做的？"

"是……"

"那你们凭什么因为自己不守规矩，却要去教训一个坚持规则的人?!"

"其他班的班长都没有他那样的，我们班委都连着受嘲笑，说我们假正经。"周佳琪不高兴地抱怨道。

"因为全是黑的只有一点白，你就觉得该否定这点白？你们会抱怨、指责社会上的一些黑暗和不公义的地方，但是为什么轮到自己头上，却不能坚守道德，坚持公义呢？"

我觉得自己的声音前所未有的激动。

"老师，你说得太严重了吧。"周佳琪有些喏喏。

这个平日里爽朗的姑娘的脸上罩上了一层阴霾。

我看着她："佳琪，我不是在小题大做，而是这确实是个严肃、严重的问题。一滴水可以折射太阳的光辉，同样，一件小事，你的观念和选择，就可以反映你的世界观、价值观和人生观。你们想想，为什么自己会觉得'烦'？为什么明明知道宋天翔做的正确却不支持？"

"要是宋天翔因为这次的'教训'，以后就放弃自己的原则，那就这一点白也没有了。你们就觉得高兴了？"

我觉得自己既生气又惋惜。

"'必须有勇气正视无情的真理'，这句话是列宁说的吧。"果真是个聪明的姑娘，周佳琪短发一甩，说得干脆利落。

我很欣赏她的知错就能认，继续说："更何况，你们这样很伤害宋天翔。是的，就像赵大元说的，他找班主任说明情况也许是没事的，只是虚惊一场，但是我想，宋天翔不但因为受到诬陷而生气，更因为你们没有帮他而难过。"

"朋友是要雪中送炭的，而你们虽然不能算落井下石，但也算是袖手旁观了。是不是？"

我看着他们两个。

赵大元放低了大嗓门，低低地说："我们这次是有些过分了。"

"好了，我们先去找到宋天翔吧。"我站起了身。

谁对谁错不重要。

这个内心坚守的少年在遇到这样的"坎"的时候，到底会怎么选择，怎么坚持，才是更重要的。

是沉默地哭泣，还是愤恨地抱怨？

半个小时之后。

在一个小会议室的隔间里，这个从小在北京某一流高校长大的孩子，出身书香门第、历史学世家的 16 岁的大男孩，趴在那张小小的圆桌上，把头埋在胳膊里，肩膀不停地耸动，啜泣声低低沉沉。

在找到他之前，我设想过一千种可能性，他会生气，会激动，会沉默。

但是，这个平时有着淡淡骄矜、意气风发的男孩，居然在哭。

还哭得，毫无顾忌。

我看着他哭，没有阻拦。

我想，他只是需要个安静的地方，有个人，听他哭。

很多孩子都是这样，他们只是太缺少倾听。婴孩的时候，大人们还肯蹲下，去听他们那些咬不清楚的字眼；长大了，反而没有人肯听他们去说了。

大概五分钟，他停止了肩膀的耸动，抬起头来。

他接过去我递的纸巾，擦拭着泪水。

尔后，目光发直地盯着地板。

"老师，你已经知道了吧。"宋天翔缓缓地开口。

眼泪并没有让他的智商降低。

"我听到一些，但是还是想听你说。"

不同人，站在不同的角度，叙述的故事是不同版本的。

"我作弊，被抓了。"宋天翔的声音低沉。

但不过一秒钟的工夫，他顿时提高了声音，铿锵有力："可那是他们诬陷我！"

"我是被他们诬陷的！纸条是从王波那里扔过来的，他成绩那么差！"

宋天翔再次愤恨地强调。

"为什么他们要这么做？"我问。

"因为上次期中考试，王波和周娜想让我给他们抄，我没给，还向老师举报了他们。"

原来"真相"就是那么简单。

宋天翔的声音不无落寞。

"那你当时和老师解释了吗？你不可能抄王波的？"

我虽然这样问，但是心里明白：这样的原因，是拿不上台面的，在"证据"面前更是不堪一击。况且，又有谁规定，"好学生"就不会打小抄？

果然，宋天翔淡淡地说："期中考试的监考老师都是不同年级的，不认识我们，他只看证据。"

"班上同学呢？不是可以帮你作证？"我转移到"重点问题"。

"唉！"

"怎么了？"

"我是班长，平时总是管他们，大概管得太多了，他们，他们没有人说话……"他的神情很黯然，眉宇间有着说不出的纠结。

说到这里，我已经明白了八九分。

这件事情，就像周佳琪他们说的那样，远不是"作弊被抓"那么简单，他难过的，不是可能性的零分，而是遭到了不公正的待遇，是居然遭到了集体的"排挤"。

而在这个集体中，他一向在做着他认为公平公正的事情，现在，居然遭到了这样的抵制甚至构陷！

这，怎么能叫人不伤心，不委屈?!

"所以，你难过的，不是老师不肯听你解释，不是数学要考零分，而是他们这么针对你，是不是？"

"是。"他的眼圈又开始发红。

人生中被玷污的清白

他看着我，一字一句地说："我从小到大，从来没有做过弊，你相信吗？"

说这句话的时候，他的语气虽然还是有些哽咽，但是眼神无比坚定和清澈。

这句话，让我终于明白了最后一分他的伤心——污点。

一个努力坚守着清白的孩子被构陷出了一个污点，无论这个污点是真是假，都将会是他心里的一个阴影。

同时，我的心里又多了一份震惊。

谁都是从学生时代过来的，"从来没有做过弊"，不管是有心还是无意，都是一件特别难的事情，是对人性的一个莫大的考验。但是，他那一刻眼神的清澈和坚定，让我真的相信他说的这句话。

我看着他，点头："嗯，我相信。"

他的眼泪终于又涌了出来。

他下意识地揉搓着双手，内心挣扎："我就不明白，他们为什么要这么针对我！"

"你说了，你拒绝给他们传答案，所以他们要报复你；班上其他人嫌你平时管得太多，所以要孤立你。"

"我宁可他们和我打一架！"

"不，他们要选择一种让你最难受的方式。"我看着他的眼睛，说出这句话，"他们知道，你最在意的是什么，是成绩，更是荣誉，是在所有人面前的脸面，包括同学和老师。"

他用拳头重重地砸了一下椅子的扶手。

真相总是让人锥心的痛。

现在，青春是拿来奋斗的

他有些愤怒地捶着座椅的扶手："我有什么错?!我不给他们传纸条有什么错？不是考场里都贴着'严禁作弊'的通告吗？还有那些同学，我平时催着让他们做值日怎么了，难道那些垃圾不是他们自己生产的？我做的，没有错啊，他们为什么要这么对我！难道非要我像赵大元一样，和他们嘻嘻哈哈才能行？这个世界是怎么了?!"

这是他内心最大的挣扎——从"被玷污的清白"，到对自己的行为准则产生质疑，从而对这个小社会的道德标准产生了疑问和困惑，甚至深深的愤慨。

放在行为规范层面上，他没有错；放在道德层面上，他没有错。

但是放在那些复杂的、约定俗成的一些行为准则上，他的棱角就开始被碰撞，开始流血。

我换了个角度问他："你不喜欢赵大元那样嘻嘻哈哈和同学打闹的是吧？"

他眉头一皱，似乎没有想到我会问到赵大元，犹豫了一下回答道："对，我不喜欢他那样的。总是不直接管他们，还帮他们打扫卫生，没有个班委的样子！"

这个浑身书卷气的孩子，仿佛真的离世俗的烟火气很远。

"但今天就因为你的'不合群'，所以没有人站出来帮你，是吗？"

"嗯，"他默默地点头。

青春不怕伤痛，无畏挫折

"但是我想不明白，到底是我错了，还是这个世界错了！"他抬起头。

我顿了顿，说："你已经是个大孩子，或者是个大人了。我不想骗你，不想说都是他们的错，是他们不好。"

他抬起眼睛看着我，眼神里全是不忿。

我说："我想说，我很欣赏你的这份内心的坚定。我和你说实话，从你刚刚说'我从来没有做过弊'之前，我真的不相信没有学生没有做过弊。但是你那么说了，我就真的信了。你的种种行为处事，似乎放在现在社会就像个异类，当你比老师还像老师的时候，你的同学自然会嫌你'事儿多'。'木秀于林'，就是这个道理，可当你真的长成参天大树的时候，大家就只会仰慕你了。"

他叹息："难道这个社会就这样吗？大家就这样吗？为什么要让我这个对的人去承受这些不公平？"

我也叹了口气："我不得不告诉你，只要你内心还在坚守，这种事情还会发生，你还会伤心，还会哭。我不想和你说，你不要哭了。哭出来没关系，因为你痛了，哭得多了，你也就不哭了。这就是你成长中的伤痛！你就把它，当做是成长的代价吧。"

他的目光挣扎，语气不甘："这让我觉得我的坚守很荒唐，很不值。"

我看着他："宋天翔，很多年前我上大学的时候在网络上看到这样一句话：'不是你在象牙塔中，才说出我爱世界这样的话；而是知道外面的黑、脏、丑陋之后，还要说出这样的话。'这句话，我觉得放在今天对你说，很适用。"

他的脸色微微有些动容。

"你的坚守，不会不值。以后你会知道，坚守内心的纯净和原则，是一件多么可贵的珍宝，能够给你带来多大的价值！正直，纯净，本身就是一笔巨大的人生财富！"

他摇头："可是我现在看不到。"

"现在看不到不等于它不存在。若是今天你经历了这样的事情，就放弃了自己的原则，就退缩了，那才值得哭呢。因为如果是那样，你等于选择了错误的价值观，等于放弃了自己最宝贵的财富。"

"可是你说了我还会哭。"他也看着我。

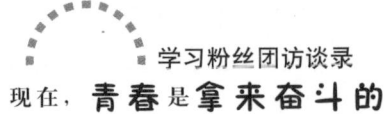
多么聪明的孩子。

"是，你还会哭，你还会遭遇到这样或者那样的委屈，你会很辛苦。"

"我为什么要那么辛苦？"

"每一份善良背后都有隐忍，每一次坚守之下都有抗争。你觉得辛苦，但是你不会有遗憾。你能坚持你自己想坚持的，其实是一件非常幸运的事情。你能给自己足够的勇气和力量去坚持，是需要一个很强大的内心力量拉力支撑的。因为有多少人，已经早就被世俗的洪流所吞没。"

"我不知道是不是有一天你的棱角也会被磨平，但是我希望，你能坚守得越久越好，越长越好。而经过这样的挫折，再能继续向前，才是你所有的委屈和坚持的意义所在。"

良久，他看着我，点点头。

学习 青春正能量

宋天翔的这个故事，完全是偶发性的事件。

事情本身也许并不是什么"大事"，但是由此折射出来的，孩子内心的挣扎和社会对他们纯净心灵造成的伤痛，让我久久不能平静。

或许是生长在互联网时代，信息化的传递太快，大部分的孩子，到了16岁这个年龄，"直率"和"天真"已经被当做了他们中间的贬义词，这不由得不让我们感慨和惋惜。

坚守内心的纯净，正直，诚实——这些做人的基本原则，居然会让一个高中生碰壁，委屈，而哭泣。

我们该怎么回应？

想到这样的故事——

有个育婴专家说，当婴孩撞到了桌角，有的家长会装腔作势地打桌子骂桌子，有的家长会抱起孩子赶紧揉受伤的地方，有的家长则会以后在桌角上都贴上保护贴……不同的对待方式，会强烈影响孩子的想法和成长。

现在，在面对孩子"第一次"受伤的时候，我们要怎么办？是马上把孩子收回羽翼？还是教会他今后如何灵活处理事故？

在面对宋天翔的哭诉时，我选择了成人化的方式，告诉他：你会痛，这是成长的代价，但是你要坚持自我，坚守内心，这是青年正确的选择。

"人生之路，有坦途也有陡坡，有平川也有险滩，有直道也有弯路。……青年时期多经历一点摔打、挫折、考验，有利于走好一生的路。"

青春不怕伤痛，只怕因为伤痛而止步不前。

青春有好多个岔路口，乱花渐欲迷人眼，不能因为伤痛就放弃原则，放弃坚守。

所有我们所坚持的那些可贵的品格，都将会在日后绽放异彩。

我相信，人生路上必经坎坷磨炼，社会和国家的希望也正是在这些坎坷磨炼中升起来的。

我相信，这些 16 岁的孩子们，有着足够的能力去受伤、愈合、飞翔。

PS：故事的结尾是这样的：宋天翔并没有去找班主任老师申辩，而是找到赵大元和周佳琪，很诚恳地和他们谈了关于他的"执政作风"和"做法"问题。

这是我们并没有谈到但是他意识到的问题：坚守，并不是一味地向前冲，也是可以运用技巧的。

公路上的摄像头，其本意不是为了罚款，而是为了警醒人们不要违章。

坚守内心的纯净，也不是为了对比他人，而是为了能让更多的人看到世界的那片白。

　　"在农耕时代，一个人读几年书，就可以用一辈子；在工业经济时代，一个人读十几年书，才够用一辈子；到了知识经济时代，一个人必须学习一辈子，才能跟上时代前进的脚步。"

——习近平（《在中央党校建校 80 周年庆祝大会暨 2013 年春季学期开学典礼上的

讲话》，2013 年 3 月 1 日）

一个人必须学习一辈子，才能跟上时代的脚步

学习本领论

"本领不是天生的，是要通过学习和实践来获得的。当今时代，知识更新周期大大缩短，各种新知识、新情况、新事物层出不穷。……在农耕时代，一个人读几年书，就可以用一辈子；在工业经济时代，一个人读十几年书，才够用一辈子；到了知识经济时代，一个人必须学习一辈子，才能跟上时代前进的脚步。"

2013年3月1日，习近平在中央党校建校80周年庆祝大会暨2013年春季学期开学典礼上发表讲话，指出"事业发展没有止境，学习就没有止境"。

"如果我们不努力提高各方面的知识素养，不自觉学习各种科学文化知识，不主动加快知识更新、优化知识结构、拓宽眼界和视野，那就难以增强本领，也就没有办法赢得主动、赢得优势、赢得未来。"

在青少年时代，增强本领就要加强学习，既把学到的知识运用于实践，又在实践中增长解决问题的新本领。

"广大青年要坚持面向现代化、面向世界、面向未来，增强知识更新的紧迫感，如饥似渴学习，既扎实打牢基础知识又及时更新知识，既刻苦钻研理论又积极掌握技能，不断提高与时代发展和事业要求相适应的素质和能力。"

⋯⋯⋯⋯青春是不断UPGRADE⋯⋯⋯⋯

"学习是一辈子的事。以前说'活到老，学到老'，不就是这个道理？你的青春，不就是学习的起点？不就是用来UPGRADE（自我增值）的?!"

打篮球和考托福是死敌？

期中考试一结束，同学们的神经顿时松弛了下来。

"走！打球去！"班上的一些男同学拿起篮球，准备去篮球场。

"打什么球！"班主任宋老师刚好走到教室门口，一声断喝。

"才刚考完试，就想着玩了?!觉得自己考得好了？都知道自己考几分吗？下个月要考的托福呢？准备好了？⋯⋯"

宋老师的高压炮，像连珠弹一样打过来。

同学们的脸色顿时一暗，虽有不忿，但也不敢再说些什么，只好怏怏地放下球，回到了自己的座位上。

"大元！"宋老师前脚刚走，就有人叫赵大元，"你是体委，去和老师说说，组织场比赛吧！"

"宋老师不是刚说过不许打球吗？"赵大元愣住了。

"是说不准打球啊，但没说不准干别的啊。咱们不打篮球，还可以踢足球嘛！要不这腿都闲得要退化了。"

学校的各种体育运动场地都有专人管理，要经过班主任老师允许，才能登记安排使用。

其实，平时一般来说这只是走个形式，可是宋老师因为对这次的期中考试已经出来的科目成绩很不满意，就"封杀"了这个运动时间。

"这……"赵大元很为难。

他知道宋老师一向说一不二，平时还隐隐透着不太喜欢体育运动、觉得其耽误学习时间的意思，刚放了话出来说不许打球，他怎么还敢再去碰钉子？

"你是体委你不去谁去啊！"大家异口同声，"为人民服务嘛！"

"好吧，我去试试……"无奈之下，赵大元只好答应。

"一松一紧"的管理和关系

果然，硬着头皮去找了宋老师之后，只是挨了一顿批评。

不过，宋老师这次倒是没有狂风暴雨，可那一句"你当班委的不知道劝着同学，还来添乱！真是头脑简单"，使赵大元憋得脸红脖子粗，既生气，又委屈。

赵大元是体委，因为他爱好体育运动，打篮球出色，体能出色，当然是不二人选。

可是在高二（三）班个个成绩优异还情商颇高的班委中，赵大元就显得有些"愣"，显得有点儿不机灵，总是那"最后一个听懂"的人，张蕊蕊还总拿他开涮逗乐。

所以，他最讨厌别人说他"四肢发达，头脑简单"。这种说"粗汉"的形容词，放到一个十几岁的少年身上，面子上怎么下得来?!

平时同学说说，他都着急，现在宋老师这么说，他却不敢生气。不单因为宋老师是班主任，还因为宋老师说他说得对——他也不想来，确实是禁不起撺掇。又不会说话，根本说服不了宋老师。因此，宋老师这样批评，他只好低着头"认罪"。

"唉！"回到教室后，赵大元一个人默默地摸着篮球，有些沮丧地叹气。

"挨批了吧？行啦！宋老师也就是说说你，没事儿的！"宋天翔看到赵大元脸色暗沉，就知道宋老师肯定没同意。

赵大元不吭声。

"要不这样，下个月学校不是有个拔河比赛吗？要不咱们找宋老师说说，晚上带着同学跑跑步，锻炼下体能，就算是锻炼身体，头脑清醒？"

这是宋天翔本来打算留到下周再说的主意。他也不想顶着宋老师的怒火而上，但现在看着赵大元郁闷的样子，还有班里同学的情绪也一派低落，就说了出来。

"我看行！"赵大元倒是反应不慢，很快应承道："哥们儿还是你有办法，那我们一起去找宋老师说？"

赵大元可不敢再一个人去找宋老师了。宋天翔是班长，是"好学生"，宋老师再生气，总也要给几分面子。更何况，宋天翔逻辑清晰，比自己会说话多了。

班长的说辞连着赵大元的委屈样子，终于让宋老师点了头，只是叮嘱道："不要过量，注意安全。"

课后锻炼的事情就这么定了下来。说是锻炼，就当然不光是跑步，还有跳绳啊，踢毽子啊，呼啦圈啊，连女生一起也全都招呼上了，是个变相的娱乐活动。

宋老师哪里不明白他们的这点小心思，但是她有自己"一紧一松"的管理法则：面上要紧，思想上要紧，手上，要偶尔松一松，让学生也不能绷得太紧。

不过，她自己不能露出这半点意思，只需要有人来申请。开始的时候，赵大元来了宋老师没有答应，不是因为赵大元不如班长会说话，而是她前脚刚说不许打球，赵大元却只说要打球，这怎么行?!

所以，等到宋天翔来了，送了个"拔河比赛体育锻炼"这样一个为了班级荣誉而拼搏的梯子，宋老师自然就赶紧下来了。

宋天翔不来怎么办？那当然自己也会找梯子下来的。宋天翔来了，也证明自己这个班长没有选错人。

这也是，宋老师当班主任多年的一点心得。

"低级错误"

没想到，锻炼锻炼，居然真的出了问题！

男生跑圈，是赵大元带着的，以他的体格，平时跑个几千米，没有一点问题。但他也没有那样莽撞，还是安排了同学们循序渐进地锻炼。每天跑两圈，800米，再逐渐加码。

按理说跑了几天后应该适应了，偏偏有个同学不但没有适应，反而更受不住了。在跑到第二圈的时候，就觉得头晕，步伐也跟跄了起来。

赵大元在前面看得不是很清楚，但也喊了话过去："怎么了？停下歇歇？"

可那个同学又是个争强好胜的，还在一群女同学面前，更不能就这么停下，就死撑着继续。没撑多久，就"扑通"一声，倒下了。

这可不得了，马上送医务室通知家长再送回家，忙了一大圈。

宋老师铁青的脸色，又端在了赵大元面前："让你们注意注意，不要过量，你这个体委是怎么当的?!是不是要搏表现?!"

宋老师本能地以为，赵大元不顾同学"安危"，是为了能在拔河比赛中一举夺魁。虽然这是集体荣誉，但也是体委的自我表现。

我是从宋老师那里知道这件事情的前因后果的。

我觉得赵大元不会是故意逞强，他平时虽然有些鲁莽，但也不是那种一味争强好胜的人。

"我找他问问吧。"我对宋老师说。

看到赵大元的时候，他可能因为在宋老师面前挨了批，正一脸阴郁，坐在篮球馆的地板上。

"是我的错！"他对着我也是连声道歉，"是我没注意到后面的同学，是我的错！"

嗯，没有推卸责任，态度诚恳。

我想缓和下气氛，就问道："赵大元，我觉得你是个认真的人，在你身上不应该发生这种情况啊。"

"是我疏忽了，唉。"

"我听宋老师说，女生踢毽子呼啦圈那边为了抢器材，也闹得不太愉快？"

"嗯，也是我没安排好，我本来以为她们可以自己协调的。"赵大元吞吞吐吐。

看他一迭声地道歉和耷拉着脑袋的样子，我的心里泛起了疑惑——是什么，让这个虽然不太机敏但是认真努力的男生，会犯这样的"低级错误"？

自我生长的失望和迷茫

"你，心情不太好？"我试探着问。

他反应很快，意识到我在问什么，否认道："没有，我没有谈恋爱。"

"考试没考好？"

"不是。"

"和爸妈吵架啦？"

"没有。"

"那是你觉得太累，不愿意干了？"

"不。"

这种"简约式"的回答，让我更加疑惑了："大家是关心你，才想问问你到底为什么会这样啊。你说什么都不是，那么怎么解释你身上的变化呢？"

瞧，人都是这样，打着"关心"和"为你好"的幌子，来进行探究。

果然，这样问，让他感觉有些不舒服，摇头道："我没什么，过一阵就好了。"

我也意识到了自己的语气不对，就顿了一下，换了种方式："大元，我知道你自己心里也不舒服。"

他看了我一眼。

短暂的沉默后，他点头。

"我不问你原因了，你不想说的话。我只想问你，以后，能做好吗？"我说。

我没有听到他立刻毫不犹豫的表态，只看见他的嘴唇动了动，一副欲言又止的样子。

比起争执或者无理取闹，女生的眼泪和男生的沉默更让人为难。

"嗯？你想说什么？"我鼓励他。

"我觉得我总是做不好。我不是不努力，也不是不认真，但还是出问题！"

赵大元一脸懊恼，还有无奈。

原来如此。

他不仅仅是觉得委屈，更是觉得对自己失望。

"所以你对自己失望了？"

"有点儿。"

"所以你不想再努力了？"

"宋老师估计都不想再批我了，同学也看不起我……"

"宋老师和同学们要是不肯定你，为什么要选你当体委？"我问。

"选我？为同学申请个活动都申请不下来，安排点事情还总出问题。我嘴笨，不像周佳琪会说话，也没有宋天翔会办事。估计他们都后悔选我了！"

"大家说你不好了吗？"

"大家没说，但是我觉得是。你看我开始去和宋老师说打篮球，宋老师就没答应，宋天翔一去她就答应了！本来班委开会都是大家分工安排，后来他们就不让我负责什么事情了，就是让我做一些统计表格，做一些搬搬抬抬的体力活儿，这不就是当我是个劳工？这活儿谁不能干啊！"

这样一种怨妇的口吻，让我哑然失笑。

且不说宋老师的管理手段，就是高二（三）班那几个班委的小心思，赵大元果然都看不明白。

发现青春的闪光点

"赵大元，你为什么要这么想？你为什么不想，是大家看到了你的长处，看到了你的优点，而让你去发挥？比如，你不擅长创意，但是擅长执行；你不擅长和难缠的人打交道，但是擅长做细致的统计。"

"就算是这样，那也都是些低级工作！没什么技术含量，是个人就能干的！"他不满地嘟囔着。

"是个人就能干？那为什么让你赵大元干？不要你们班其他人干？"

他撇了撇嘴，不吭声。

"你可别想说是他们随便找的，宋老师也是随便点头的啊！"我看着他犹豫的样子，好像就是找个样子。

"赵大元，你怎么这样看不起自己?!一个小小的事故和意外你就这样了？"

"不是因为这次！我心里难受很久了！"他低吼道。

所有的爆发，只需要一个导火线。

"就是因为觉得大家都看不起你？觉得你自己没用？"

"我确实没他们几个那么出色。"赵大元喃喃道。

"他们几个"，无疑指的就是宋天翔、周佳琪那几个班委。

"大元，你为什么总是抓住自己的缺点？"

"我抓住自己的缺点？"他不解。

"对，你总是抓住自己的缺点，总觉得自己这里不好那里不好。你自己总是给自己这样的心理暗示，自然做起事情来就会真的不好了。"

"是吗？"他有些迟疑。

"是！人无完人，谁没有缺点？你不但只看到自己的缺点，还用放大镜来放大自己的缺点。这不但让自己心里沮丧，还给别人留下一个印象：你确实不好。"

他看着我。

"大元，你的性格上有着好强的一面，你从来都是努力积极的。你只是对于事情的发展和结果有点儿沮丧，也可以说，这是你太要强的原因。你能够认识到自己有缺点，有弱点，这本身就是个难能可贵的优点啊，说明你能够正确地对待自己。但是我想，若是你能够通过不断地尝试，发掘你自己的优点，你就会真正地认识自己了。"

"我自己找？"

"对，你自己找。任何事物都有闪光点，你的认真、努力、勤勉，在大家看来，就是你身上最大的优点。不会策划创意有什么关系？一个认真负责还肯为自己失误负责的人，远比一个只会夸夸其谈的人更可贵。"

"他们也不是只会夸夸其谈啊，他们也做得比我好。"他还是转不过一个隐隐的"比较和嫉妒"的坎儿。

"他们有的，你没有或者缺少，但是你有的，他们也没有你好啊。宋天翔能像你一样和班上的、其他班的男生打成一片吗？周佳琪能像你一样踏实地坐着做运动会检录单吗？不一样，台前台后都需要人，分工不同而已。"

"况且，你为什么非要和别人比你的缺点，却毫不珍惜你已经拥有的？"

他听得认真。

青春是学习和增值的好时光

"那我的缺点怎么办？难道我只看到自己的优点，缺点就不管了吗？"赵大元认真地问道。

头脑一清明，思路也开阔了起来。

"当然不是不管缺点，扬长避短，说的是避短，并没有让你'忘短'。短要补，不能护。所谓人无完人，总会有缺点，虽然这不是纵容我们自己不去锤炼短板的借口，但是我希望，在你为缺点沮丧的时候，能先看到自己的优点，尽量发掘自己身上的闪光点，对自己有信心！"

"我差得太多了，缺点太多了！"赵大元有些畏缩。

"你还年轻啊！缺点多怕什么？你现在不正是学习成长的好时光？不就拿来让你查缺补漏弥补缺点的吗？"

"一说学习，我就有点怕。"

"学习怕什么？你都不怕有缺点，还怕来弥补缺点？'终身学习'，学习是一辈子的事情，永远不会太晚，也要不断坚持！你今天觉得自己有缺点，有弱点，那就正好用现在学习的机会去弥补啊。"

"学习是一辈子的事？"

"学习是一辈子的事。以前说'活到老，学到老'，不就是这个道理嘛。你的青春，不就是学习的起点？不就是用来UPGRADE（自我增值）的?!"

学习 青春正能量

小时候，老师总是教我们，要戒骄戒躁，要正视缺点，要弥补不足。

好像所有的"教导"，都是在查漏补缺，在锤炼短板。

我不是说这样不对，这样不好，但是我总以为，正视缺点、锤炼短板固然重要，但善于发现自己身上的优点、闪光点，能够给予人更多的正能量。

发现优点，发掘优点，是一种正面的思考，是一种能够激发你全部潜能的精神力量。

这不是阿Q精神，而是正确地认识自己、对待自己。

在问自己没有什么的时候，不妨先问问自己有什么。

你羡慕别人的貌美如花，尚且不知西施捧心的时候还羡慕你健康的体魄。

你赞叹别人的美妙歌喉，尚且不知道别人还惊艳于你的动人舞姿。

就算你说，我只是平平凡凡，上不了舞台，湮没于人群。

那又何妨？

你身体健康，心态平和，不愤世嫉俗，不哀叹自怜，你有一颗乐观的心，这不就是你最大的优点嘛！

用发现美的眼光去怀抱你所拥有的；请你，为你自己代言！

"学海无涯苦作舟"，这句老话其实从来"不老"。

"好学才能上进"，只有通过不断的学习，"善于学习"，才能弥补缺点，自我完善。

"一个人必须学习一辈子，才能跟上时代前进的脚步。"

青春是什么？

青春就是在莽撞的伤痛中不断学习，青春是UPGRADE（自我增值）！

　　"千里之行，始于足下。我们国家的发展前景十分光明，但道路不可能一帆风顺，蓝图不可能一蹴而就，梦想不可能一夜成真。人间万事出艰辛。越是美好的未来，越需要我们付出艰辛努力。"

—— 习近平（《在同全国劳动模范代表座谈时的讲话》，2013 年 4 月 28 日）

越是美好的未来，越需要我们付出艰辛努力

时间关系论

幸福不会从天而降，梦想不会自动成真。

实现我们的奋斗目标，开创我们的美好未来，必须从今天开始努力，为创造美好的明天而奋斗。

在习近平早年主政浙江时发表的《之江新语》中，有这么一段关于"处理好三对关系"的论述："抓好任何一项工作，都要处理好三对关系：一要善作善成，处理好部署与落实的关系；二要再接再厉，处理好坚持与深化的关系；三要统筹兼顾，处理好当前与长远的关系。"

"这三对关系，从时间的传递来说，第一对关系是要处理好昨天与今天的关系，昨天有部署，今天要抓落实；第二对关系是要处理好昨天、今天、明天三者的关系，昨天的要坚持下去，今天的要有所深化，明天的要取得更大成效；第三对关系是处理好今天与明天的关系，今天的一切都必须顾及明天，明天的发展要建立在今天的基础上。"

"这样一个时间关系看似简单，但真正处理好并不容易。"

青春的时光最是容易被挥洒，奋斗和自由总在挣扎，"当下"和"明天"也时常纠结；那么，"今天"和"明天"的关系如何相处？如何正确对待？

习近平的上述论点，给我们提出了一个非常有深度的思考。

……你得给自己一个未来……

"谈付出是要有资本的，你拿什么资本来付出？就拿今天的事情来说，你拿一个大学的Offer来付出？那么之后呢？你所拥有的越来越少，你所能付出的也就越来越少！十几岁的时候，该是学习积累的时候，你要是把青春的时间拿来付出了，那以后怎么办？从哪里找补回来？"

成绩不能代表一切

宋老师对着收上来的大学申请表皱紧了眉头。

沈敏佳!

沈敏佳是班上的文艺委员兼"班花"。这个漂亮姑娘很能干，一向是宋老师的好帮手。

她是班上成绩中上的学生，虽然申请名校差一点，但是前30名的学校还是有能力去拼一拼的，但现在怎么居然申请的都是50名之后的学校？岂不是可惜了她那100多分的托福成绩？

这姑娘是怎么想的?!她爸妈知道不知道？

现在，青春是拿来奋斗的

宋老师惯来雷厉风行，眉心一蹙，下课就立刻找来了沈敏佳本人。

"你怎么申请的都是那么靠后的学校？"宋老师直截了当，可见心里急切。

"我不想让自己太累了，美国大学都不好念啊。而且学校也不光看综合排名，还要看专业排名，我读的专业冷门，在有些大学反而更好。"沈敏佳仿佛料到了宋老师会找她来问，胸有成竹地回答道。

"没有其他原因？"

"没有啊。"沈敏佳睁大了漂亮的大眼睛。

"不是因为那个外校的男生？"宋老师看着沈敏佳，一字一句地抛出了心头的疑问，也是严厉的质问，"是不是因为他成绩不好，你就要迁就他？"

沈敏佳大大的眼睛还是使劲地睁着，却瞬间失去了神采。

作为一个漂亮女生，沈敏佳在校园里自有一些追求者，但是她从来都不太理会，用"考大学"作为挡箭牌。

对此，宋老师也很满意她的"洁身自好"和头脑清醒。但自从上次的暗恋事件被揭出来以后，宋老师觉得沈敏佳真是辜负了她的一番心意！

气恼之下进行暗查，也探到了几分详情，那个外校的男生成绩平平，还是个玩乐队的！这在宋老师的眼里，不是不务正业是什么？不是把自己的好学生拖下水是什么？！

"你说，是不是？！"宋老师疾言厉色地追问。

"老师……"沈敏佳一贯温和，此刻这样的默认已经是鼓足了勇气。

要知道，这就是明摆着要承认事实，拒绝宋老师的"好意"了。

"还真是？！"宋老师痛心疾首，"你怎么那么没脑子？！你的前途啊！"

"老师，我想读的专业在那个学校也挺好的，虽然综合排名靠后了点。"沈敏佳辩解道。

"靠后了点？是靠后一点点吗？你知道那个学校多少分就能进吗？你愿意以后和那些托福只考七八十分的人混在一起？"

被宋老师这么一说，再加上那"你真是没出息"的凌厉眼神，沈敏佳的脸涨红了，使劲争辩道："成绩也不能代表一切，托福分数低的人不见得不好。"

"成绩不能代表一切？那你说说什么能代表？我听说那个男生是玩乐队的是吧？玩得好又怎么样？哪个学校会因为这个就给他发录取通知书？还不是要看成绩？"

大概是提到了这个男生刺激到了沈敏佳的神经线，她突然提高了声调："老师，他是很有才华的，托福考得好不好不重要！"

"不重要?!"宋老师气愤不已，语重心长，"沈敏佳，我不是不理解你们现在头脑发热的感情，但是你以后看到周佳琪她们进了好学校你不羡慕？你以后拿不到好学校的毕业证书你不后悔？"

沈敏佳轻轻地摇头："老师，我也是认真想过的。我不是头脑发热，一味地为了非要和他在一起，然后去一个特别差的学校。那个学校我要学的专业，是还不错的。"

"唉！"宋老师长叹一声，"沈敏佳，你以后会后悔的！"

"我不后悔，我觉得学校没那么重要。"沈敏佳的语气生硬了起来。

"你以后找工作，人家一看你是什么什么学校毕业的，和名校毕业生相比有竞争力吗?!"

"我觉得还是要看个人能力。"

"你没有文凭这块敲门砖，进不去那道门，谁能看得到你的能力?!"宋老师冷哼一声。

"我不在乎，是金子在哪里都会闪光的！"沈敏佳也提高了声调。

"我看你是谈恋爱谈昏了头！"宋老师怒不可遏，"我和你爸妈去说！"

宋老师把她对沈敏佳的怒火在午餐的时候一股脑向我倾吐了。

"你说这姑娘真是自己要毁了自己！"宋老师是一副恨铁不成钢的样子。

"没那么严重。"我劝她，说，"这是小女孩一时心性，你得心平气和地和她谈谈。现在的孩子，自己有主意着呢。"

"我不想和她谈，"宋老师摇头。"你要是有时间，你和她谈谈吧。"

"好。"我应承了下来。

看得出来，宋老师并不想"放弃"，而我，也想和这个女孩谈谈这个"恋爱的问题"。

喜欢一个人很正常，但是为了他而让自己变得不正常，这是正常又不正常的；在这种绕口令般的思考下，我想和她聊聊。

要"爱情"还是要更好的"未来"？

"你知道我为什么要找你吧？"看到沈敏佳款款落座，我打算开门见山。

"您是为了我报大学的事情吧？"沈敏佳一直很聪慧。

"这件事情很重要，我想找你聊聊。"我问，"敏佳，你确定了？"

两秒钟的时间，她点头。

"真的是为了那个男生吗？"

她不吭声。

"他知道你这样做吗？"

"我没说，但是他应该知道我的意思。"

原来，竟是小说里的桥段，女生在玩暗恋，默默付出。

"就是因为想和他在一个学校？"我问。

"嗯，有一部分原因是。"她稳稳地回答。

"他是你喜欢的第一个男生？"

沈敏佳羞涩地笑了。十几岁少女的情怀啊，风儿拂过，就会微笑。看着她羞赧中闪亮的眼神，我的心头，也不由得一软。

但是在人生重要的选择面前，容不得心软。

"值得吗？"我问，"你真的觉得值得？"

见我神情严肃，沈敏佳的语气也郑重了起来："我觉得值得。"

"为了他放弃你更好的未来？"

"老师！"沈敏佳摇头，"哪有那么严重！我不就是去个排名稍微靠后一点的学校嘛！"

"只是这样吗?! 你之前不是说喜欢小提琴要继续学吗？现在为了他连专业也换了？你真的愿意？你心甘情愿？"

沈敏佳的脸色很不好看，但仍执拗地回答："我心甘情愿！"

果然，love is blind（爱情是盲目的）。

当沈敏佳倔犟地说完"心甘情愿"后，还有些生气地看着我，似乎觉得我和宋老师的论调一致，都是功利主义的想法。

她不高兴地说："老师，我有自己的想法，我也不会后悔的！"

是什么，让这个一贯温婉的女生能如此坚持和咄咄？

十几岁的爱恋，力量竟然如此强大？

"你，很喜欢他？"我放低了声音问道。

见我突然转换了话题，沈敏佳一愣，气恼的表情开始变得柔软，也低低地回应："我喜欢他，但是我也不是盲目的，我没有说为了他一定放弃什么，一定要怎样怎样。我真的不是盲目的。我也真的不觉得大学的排名有那么重要。"

这是解释，更是她内心真实的声音。

"所以你觉得我们都在'错怪'你？"

"难道这两件事就一定是冲突的吗？难道我非得上个好大学才能证明我不盲目吗？"沈敏佳更加咄咄逼人。她下意识地咬了咬嘴唇，叹息着说："可能大家都不能理解我。"

"谁都有年少的时候，你的感情，我理解。刚刚你说你不是盲目的，我觉得很好，至少你还知道有理智和盲目之分。为什么老师们劝你，担心你？其实我也不觉得大学排名就那么重要，但是我担心你被这段感情冲昏了头脑。"

只有你自己能对自己的明天负责

"敏佳，我们担心你，溃不成军。"我看着她的眼眶开始红了起来。

"老师，你是在说这个人不值得我付出吗？"

多么聪慧的姑娘。

"感情这回事，很难说值得不值得。但是我想和你说，你现在谈感情，谈付出，太奢侈了！"

"我知道，老师和家长都反对早恋。"

"你错了，敏佳，为什么叫早恋，就是过早的恋爱。恋爱本身没有问题，只是时间上早了点。为什么说它早？因为你现在没有这个能力来谈感情，谈付出！"

"我们没有能力？"

"谈付出是要有资本的，你拿什么资本来付出？就拿今天的事情来说，你拿一个大学的 Offer 来付出？那么之后呢？你所拥有的越来越少，你所能付出的也就越来越少！十几岁的时候，该是学习积累的时候，你要是把青春的时间拿来

付出了，那以后怎么办？从哪里找补回来？"

沈敏佳的脸色一变，有些惴惴不安："但是我控制不了我自己，我真的想上大学和他在一起。"

她的泪水盈盈欲滴，不安和期盼，都写满了小巧的脸庞。

"我知道喜欢不喜欢，不是用'想不想'、'值不值得'来衡量，来决定的。感情很多时候不是受我们自己的理性所控制的。但是旁观者清，我想分析给你听，可以不听我的建议，但是我想让你听完我的想法。"

她点头。

"对于初恋：第一，要学会珍惜，你有这样的情感很不容易。这是世界上最纯粹最美好的情感，你一辈子都不可能再拥有这种记忆。在这个最美的年代里遇上最美的情愫，是你的幸运，也是你一生的财富，所以，要学会珍惜。"

"第二，要懂得放弃。你这个年龄段不是谈情说爱，开花结果的。你得给自己一个未来。你的未来他给不起；或者他将来给得起但却不想给。你要他来干什么？他能带给你期末考试好的成绩吗？当你收不到Offer的时候他能帮你什么？他不会为你的一生负责，没有人能够为你的一生负责，只有你要为自己的一生负责。所以，要懂得放弃。"

"最后，要学会珍惜，但更要懂得放弃。这样，在这个最美的年代发生的故事，才会成为你一生珍藏的最美的记忆，让你偶尔想起都会心动。而不是相反，成为你一生的累赘，在梦醒时分回想，不断地追悔。"

今天决定明天

"你选择哪个大学并没有那么重要，你选择怎样对待这样的感情才重要。"

我看着她仔细地说。

"喜欢一个人很正常，谈一段恋爱也很正常，但是我希望这段感情带给你的是美好和温暖，是正面的力量，而不是让你痛苦、纠结，受到指责和怀疑。你应该对你自己负责，对你的感情负责，也对你的人生负责。"

沈敏佳泪光莹莹。

"更重要的是，你今天的每一个决定，所走的每一步，都影响着明天的你成为一个什么样的人，有什么样的生活状况。我不是说你为了他选了那个学校就一定以后生活不好，只是希望你知道，你今天的选择会影响你以后的生活。"

"我只想过好每一个今天。"

"青春不是活在每一个今天，而是在积累每一个明天，今天的你和明天的你是割裂不开的。我们都尊重你自己的选择，只是希望你知道这个今天和明天的道理。"

沈敏佳看着我，良久，没有说话。

学习 青春正能量

"早恋"，在校园里是个既公开又禁忌的话题。

百度的互动百科里是这样解释"早恋"的：早恋，也有叫做青春期恋爱，指的是未成年男女建立恋爱关系或对异性感兴趣、痴情或暗恋。在中国，"早恋"一词带有长辈一方的否定性感情色彩，一般指 18 岁以下的青少年之间发生的爱情，尤其以在校的中小学生为多。

这段看似"官方口吻"的解释里，"否定性感情色彩"这个词，用得真是颇具感情色彩。这样的解释，应该不会是出自家里有早恋孩子的父母之手。

哪个少年不钟情，哪个少女不怀春！

钟情不要紧，怀春很正常，只要你看得清楚，这样的感情对你意味着什么。

其实，现在很多校园里，已经不用"早恋"这个词了，而用"男女生交往过密"这样更精准的描述词汇，来形容那些少男少女。我觉得，对于这个问题，不应该视为洪水猛兽、视为离经叛道。

人的一生，会经历很多不同的阶段，在每个阶段都有自己"该"做的事情，比如学习，比如工作，比如恋爱、婚姻，等等。在每个阶段都能做自己该做的事，才能顺利地踏上下一个台阶。让我们的青少年明白自己处在哪个台阶上，是很重要的一步。

十几岁的时候，爱慕、暗恋、脸红和心动都"该"发生，但是要13岁学30岁那样的爱恋，就不太应该。因为在你十几岁的时候，体验过那些脸红和心动就可以了，接下来该做的事，应该留到接下来该做的年龄去做。

今天该做的事情，今天做。明天该做的事情，明天再做。

世间万物都是相联的，今天和明天的关系更是不可分割。"今天的一切都必须顾及明天，明天的发展要建立在今天的基础上。"

不积跬步，无以至千里。

青春的每一个当下，都是为了更加绚丽的明天。

"文化因交流而丰富，心灵因交流而沟通，友谊因交流而加深。"

——习近平（《在俄罗斯"汉语年"开幕式上的致辞》，2010 年 3 月 23 日）

NO.5

心灵因交流而沟通

心灵交流论

　　2010年3月23日，时任国家副主席习近平在俄罗斯"汉语年"开幕式的致辞中提到："文化因交流而丰富，心灵因交流而沟通，友谊因交流而加深。"

　　交流沟通，不光是国与国之间，在人和人之间也尤为重要。

　　习近平在中央党校2012年秋季学期开学典礼上的讲话中也提到："孔子说：'三人行必有我师焉，择其善者而从之，择其不善者而改之'；'见贤思齐焉，见不贤而内自省也。'《礼记》中说：'独学而无友，则孤陋而寡闻。'诸葛亮说：'集众思，广忠益。'这些古语说明了什么呢？一是说明人与人之间要进行交流思想、交流学识、交流经验的学习活动；二是对交流出来的东西要进行分析、比较和辨别，凡是好的就学习遵从，不好的就自省自戒，这样就可以达到相互学习、取长补短、共同提高的目的。古人这种交流学习的经验，值得借鉴和应用。"

　　现代社会没有鲁滨逊，国家和个人都不可能独立于世界之外，交流、包容是双赢的必需品。

　　沟通是坦诚和尊重的必经之路，"心灵因交流而沟通"。

………心灵因交流而沟通………

"冰冻三尺非一日之寒，也许是爱的表达方式的不同造成了今天的局面，你痛苦，你爸妈也痛苦。就像你说你最痛恨他们总是说'为你好'，其实我觉得你不是痛恨这句话，而是痛恨他们'为你好'的方式，和借助这句话背后的力量。"

不相信自己的亲爸妈

"没法说！说了也白说！"

周一刚进教室，就听到肖夏在怒气冲冲地和赵大元他们说话："我真不知道这是不是我亲爸妈！一点儿也不相信我！"

赵大元不明所以："啥事啊？"

"我说报了个周日的补习班，挺好的吧，我爸妈居然偷摸着来查我的听课证！怀疑我不是真的报了班！"

"啊？"这连我都惊讶了。肖夏，多守规矩的"三好学生"啊，怎么会让爸妈产生"逃课"这种怀疑呢？

赵大元也很疑惑："你爸妈怎么会怀疑你逃课呢？"说罢自嘲地一笑，"嘿嘿，我爸妈怀疑我还差不多！"

肖夏也无奈地皱着眉头："唉！你不知道，就因为上次和你们几个看了场电影不是吗？我爸妈就盯得我比犯人还严！说高三最后一年了，怎么能去看电影！我现在回家，就像打仗一样严防死守！"

赵大元同情地拍了拍他的肩膀："哥们儿，你都有这待遇，我就不说啥了！咱还是熬过这最后一年就好了！"

肖夏怒气未减："翻我书包就算了，还给宋老师打电话！问有没有这事儿！"

噢，少年郎的脸皮，比谁都薄。追问到宋老师这里，就是摆明了父母不相信自己，这不是丢了肖夏的脸面吗？

难怪他脸色泛红，哀叹道："我真心没办法了，不知道怎么和他们说话……"

不管我最好！

"你们宋老师说不知道你报了班！"肖夏刚一回家，就看到了一脸严肃的爸妈正严阵以待。

"我报周末班，又不是在学校，宋老师当然不知道！"

这是解释，但是肖夏心里烦闷，这句话说得又快又急，听起来就很有怨气。

果然，这样的怨气让肖夏爸爸脸上的怒气更重。

"肖夏，怎么说话呢?!这是和爸妈说话的态度吗?!宋老师为什么不能知道？宋老师是你班主任，你的学习情况她不是都知道吗？我问了，宋老师都知道宋天翔周末上什么课，怎么就不知道你的？是你没和老师说，还是你现在成绩差了老师不关心你了?!"

爸爸的问题一个追着一个，让肖夏无从招架。

他耐着性子解释："爸，您别不相信我。我真的报了班，这是周末的事情，我也没必要和宋老师说。"

"那好，我们送你去上课。"妈妈开口了，摆明了就是跟踪，还是摆在明面上的。

肖夏急了："你们不是看过听课证了吗？怎么还不信我？你们跟我去！还有同学呢！同学会怎么笑话我啊！"

"我们不是不信你。"妈妈婉言相劝，"就是送送你。然后等你下课了再接你，你上课辛苦，不要再坐公交浪费时间和精神了。"

"我不怕辛苦！"肖夏一口回绝，"你们那是监视我，不是怕我辛苦！"

妈妈的脸色有些尴尬。爸爸见肖夏这样不留情面，就训斥道："你怎么这么说？好！就算我们监视你，也是因为你有前科！我们管着你，那是为你好！怕你耽误了学习考不上大学！"

"为我好！我最烦听到这句话了！"肖夏的火气也上来了，"说为我好！还不是怕我考得不如意丢了你的面子！"

"你太不懂事了！"肖夏的爸爸一句怒吼，"你以为我们愿意管你？我还就不管你了！看你自己能折腾出什么出息！"

"不管我最好！"

"砰"的一声，肖夏摔门而出。

"听话"就是原则？

当我周一见到肖夏的时候，他满脸阴郁。

"玩离家出走啊？"听他讲完那场争吵后，我饶有兴趣地看着这个平时的乖孩子。

现在，**青春是拿来奋斗的**

"我是被逼的。"肖夏委委屈屈，像个小女生一样抱怨。

"你爸妈为什么这么不相信你呢？"

"咳，还不是因为那件事！"

"什么事？"

"有一天晚上，我和同学出去，我爸说让我九点半前回来。快结束的时候我一看手机已经九点半了，手机上还有四五个未接来电，都是我妈打的。我想坏了，已经晚了，干脆就关机了。等我回到家，已经十点半了，我爸妈那就联合起来一阵臭骂。我说我可不是赶紧就回来了么，你们还要骂我！当时我爸还动手要打我，我摔门就出去了。"

我有些无语，关机？还摔门出去？

"然后呢？你去哪里了？"

肖夏的语气顿时一滞，有些喃喃："我就在小区里溜达了一圈。"

瞧，终归是个老实孩子。

"那你后来几点回去的？"

"十二点吧，我爸就坐在客厅里等着我呢。"

"然后呢？"

"我爸没说话，见我进来，就进自己房间了。第二天早上，他们都不理我。我就纳闷了，我做错什么了？我当时还说了，晚回来是我不对，但是我已经尽力赶回来了啊，你们怎么还不依不饶的呢?!"

看着肖夏一脸郁闷且愤怒的样子，我当时就乐了。

肖夏看到我笑，很疑惑："你笑什么？"

"我笑明明是你的错，你还不承认。明明是你的方式有问题，你还把责任都推到别人身上。"

他的脸色明显不愉快。

我解释给他听："你有两个问题，第一，你答应了你爸说九点半回来，怎么要等到快结束的时候才看手机？为什么不先看看时间？第二，看到未接来电，为什么选择关机？你知不知道这样爸妈会更加担心你？"

他一脸坚决地否认："我爸说让我九点半回来，本来就是个不合理的要求，我当时可没答应他。还有，他们才不是担心我安全问题，他们只是担心我不听话，管不住我！"

这个执拗的孩子。

我反驳他："那首先，一开始你觉得你爸的要求不合理的时候为什么不和他提？提出延迟到十点半？重要的是，你怎么知道他们不是担心你的安全问题而是担心管不住你？要知道，哪里有不担心孩子安全的父母！"

他还是不承认："你不知道，那是我爸！我和他提到十点半有用么？没用的！只会让他接着再骂我一顿！或者干脆不让我出去了！哼，别的父母担心孩子，他说过，我长得这么大了，只会担心我闯祸不会担心我出事！"

吁了一口气，我不想直接反驳他，就换了一种方式："你小时候有没有等过爸妈回家？"

他一愣，而后点头："有，在幼儿园等我妈来接我。"

"着急么？"

"我妈总是前几个就来的，我基本上没有等过。"

"嗯，所以啊，那是因为你妈妈怕你着急。"

他有些不自在地换了个坐姿，仿佛在解释什么："那时候我还小嘛。"

我接着说："我小时候经常一个人在家等爸妈下班回来，听到楼梯有动静就赶紧到门口听有没有钥匙开门的声音，远远地听到脚步声就赶紧跑过去。你若等过人，就知道那种心焦的感觉。不是心急，是心焦，焦虑更甚于急躁。所以我现在回家，我爸妈给我打电话，哪怕我还有一层楼就到了，我也会接。因为你若体会过那等待的感觉，是一秒钟也不会让爸妈等的。包括现在不是爸妈，对待朋友我都是如此。"

这是我自己真实的故事和心情——那种亲人间的担心和焦急，是任何时候都存在的。

他想了想，慢慢地说："那是你和你爸妈关系比较好，不像我。"

听到他的态度有所松动，但还是否认，我只好再换了一个话头："我在想两个问题，一是你之前是不是屡教不改型？你第一次犯错的时候是怎样的呢？二是，第一次发生这种矛盾的时候，你应该试着和你爸妈沟通过吧？是怎样的情形呢？"

他想了一下，回答道："嗯，在我爸妈眼里，我大概就是屡教不改型了吧。第一次？打呗，我爸就奉行打出乖孩子好孩子的原则。沟通？我试过不止一次啦，每一次都得到一样的回答——你得听我的！'听我的'，这就是他们的原则！"

他的神情有些黯然："你说，在这句话下面，我还能做什么呢……"

爱需要表达和沟通

"那是不是你总是不听话呢？"

"他们说得不对，我为什么要听?!"

"比如说九点半回来太早了？"

"对！"

"你有没有陈述你的理由为什么太早了？"

"没用的，他根本不听你的！"

我一时有些纠结了。

在我看来，这样的事情总有第一次，要么是父母觉得他的理由不成立，但是并没有解释给他听让他服气，要么是父母觉得自己的权威受到了挑战，所以干脆以简单粗暴的"听我的"来结束所有纷争。

这个问题，要和父母沟通了才能知道。

但是对于他而言，我坚持要让他认识到自己的错误。

"咱们回到这件事情的开始。第一，还是你为什么不看着点时间？第二，我想让你知道，父母肯定是担心你的，你不回电话是不对的，关机更是不对的。我说得严肃点儿，你没有资格觉得'烦'，因为你没有资格觉得他们是漠不关心或者是过度关心。"

他叹了口气："好吧，我承认我也有我的问题。但是，这也是他们逼的。"

看着他垂头丧气的样子，我说："你看，其实你还是想和他们沟通的，要不然，你可以干脆说'随便你们，爱怎么着怎么着'，有不少同学都是这么干的啊；但你还是会为了这件事烦恼，为了他们的态度懊丧，为了这些积累的沟通问题发愁，说明你还是在意的。"

他的两手一摊："我在意，但是我没有办法。"

我笑了："你有没有想过，也许现在换了是你爸妈，他们也会说出这句同样的话？"

他皱着眉头，轻轻地点头。

我劝他："冰冻三尺非一日之寒，也许是爱的表达方式的不同造成了今天的局面，你痛苦，你爸妈也痛苦。就像你说你最痛恨他们总是说'为你好'，其实我觉得你不是痛恨这句话，而是痛恨他们'为你好'的方式，和借助这句话背后的力量。"

我接着说："你会觉得，不是你觉得对我好的东西我也觉得好，不是你说为我好我就得接受，完了还得欢天喜地感恩戴德，接着还需要加倍努力给回报，是不是？"

他乐了："是啊，他们就是这样。"

我也笑了："我不想说父母都是这样，也不想批评很多打着爱的名义来强迫孩子的家长；就像我总是对你们说的，父母说一千句都抵不过你们自己受一次伤。没办法，只有你自己经历了，才知道好坏。我不能说谁对谁错，我只能说，这是个规律，我相信，在你们爸妈当年十几岁的时候也无法避免。"

"那就是没办法喽？"

"父母的要求和想法是出于他们的人生经验，从你现在的阅历和身处的不同时代，当然会有不理解的地方。不理解没关系，想一想，缓一缓，不要直接否认，也不要盲目听从。要独立，也要虚心。这就是我的建议。"

学习 青春正能量

和父母的沟通是个太庞大的话题，这只是个很微小的故事。拿它出来说，是因为这是个千万人中太经常发生的例子，很多十几岁的孩子都能在中间找到自己的影子。

"爱你就是这样，非要让你吃他自己最喜欢吃的苹果，尽管你最讨厌吃苹果。你不要否认，到了某一天，你爱上了某个人，你当上了父母，也会如此。"

这是最后我对肖夏说的。当时他笑了，说："我们总说，以后我们当了老师就不给学生布置作业了。"我笑着回应他："哪个学生当年没有这么想过呢？"

　　事实上，现在，在所谓的"现实"面前，我们并不沮丧我们的无力感，反而多了份释然。这种释然，就是经过后的了解和坦然的接受。

　　社会变迁，互联网时代长大的 90 后、00 后的孩子们，知晓得更多。青春追梦的路上，爸妈也许是他们最磕磕碰碰的一道坎，绕不过去的亲情和争吵，让父母和孩子都受到了伤害。

　　肖夏最后说："其实道理我们都懂，但是心里不肯。"

　　这样一种不肯，是青春的倔犟和本性。

　　用什么来沟通？

　　赌气不说话和冷战责骂都是下下策，"心灵因交流而沟通"，多交流，多沟通，说清楚了，说明白了；学会站在对方的角度想问题，尊重对方，把不理解的节点疏而导之，方是正道。

"广大青年一定要矢志艰苦奋斗……梦在前方,路在脚下。自胜者强,自强者胜。实现我们的发展目标,需要广大青年锲而不舍、驰而不息的奋斗。"

——习近平(《在同各界优秀青年代表座谈时的讲话》,2013年5月4日)

梦在前方，路在脚下

奋斗追梦论

奋斗，是实现青春梦想的前提条件。然而，在奋斗追梦的路上，必定有挫折，有困难，在面对不顺和逆境的时候，就要靠"坚持"两个字。

习近平在 2013 年"五四"讲话中指出，我们距离实现中华民族伟大复兴的目标越近，就越需要广大青年锲而不舍、驰而不息地艰苦奋斗。青年人要立足本职、埋头苦干，从自身做起，从点滴做起，以勤劳和业绩实现人生的精彩。

"'宝剑锋从磨砺出，梅花香自苦寒来。'人类的美好理想，都不可能唾手可得，都离不开筚路蓝缕、手胼足胝的艰苦奋斗。我们的国家，我们的民族，从积贫积弱一步一步走到今天的发展繁荣，靠的就是一代又一代人的顽强拼搏，靠的就是中华民族自强不息的奋斗精神。当前，我们既面临着重要发展机遇，也面临着前所未有的困难和挑战。梦在前方，路在脚下。自胜者强，自强者胜。实现我们的发展目标，需要广大青年锲而不舍、驰而不息的奋斗。"

总书记的讲话强调了实现中国梦的根本保障，也为广大青年指明了实现个人梦想的具体路径。

·········用你的努力搭一把梯子·········

"你可以说你不注重结果，但是我希望你不要连奋斗的过程和乐趣都享受不到。坚持奋斗，再多坚持一点，再多坚持一会儿，就能最大限度地接近梦想！"

慢生活还是拖延症？

"蕊蕊，你考了多少分？"

今天是出托福分数的日子，沈敏佳刚查到自己的分数，就着急地关心一同去考试的好友张蕊蕊。

"我还没查。"

"你赶紧查呀！"沈敏佳看张蕊蕊居然很淡定，就着急了起来，"要是这次还考不好，就麻烦了！赶不及做提前录取学校的申请了！"

"不着急啦。"张蕊蕊拉长了声音，"早查晚查，分数也变不了啊。"

"咳！"沈敏佳有些皇帝不急太监急的尴尬，咳嗽了一声，就不吭声了。

这时候，周佳琪像一阵风一样刮进了教室。

"张蕊蕊！"她大声地叫张蕊蕊，"都是你，拖，拖，拖！"
怎么了？

原来，身为宣传委员的张蕊蕊又犯了拖延症，把该做的海报拖到了deadline（截止日期），还完成得很潦草，导致整体活动宣传受到了影响。
周佳琪和那几个一直很辛苦在筹备的同学自然就不乐意了。

张蕊蕊强辩："我怎么了，我不是在规定的时间前完成了嘛！"
周佳琪不屑："您那是最后一分钟好不好！"
张蕊蕊死撑到底："那也是完成了！"

周佳琪气急："那你看看你完成的质量！自己丢人就算了，害我们一直等着你的海报，结果出来个这样的东西，我们都没法用！"
"那你们不还是用了？"
"下次你求我用我都不用了！我不用你做，我自己做！"
眼看着两人的火药味越来越浓，大家赶紧拉开。

宋天翔想劝架，说出口的却是批评的话："你做的质量，确实和你的水平，差距太大了！"
张蕊蕊嘟囔着："这次确实不好做。"
"不好做你可以提前说啊，你一直没说，大家就一直等着，以为没问题。"周佳琪气愤不已，"你让我们太丢人了！"

张蕊蕊生气了，起身站起来，把椅子用力地往后一拉，说："嫌我丢人，下次就不要找我了！"临末，她还嘟囔着："我这是慢生活，你们着什么急！"
周佳琪"切"了一声，不屑道："别拿慢生活做借口，别玩名词，你就是偷懒！"

张蕊蕊争辩："我承认，我是有些懒，但是我没有犯规，我毕竟在规定的时间内完成的啊。"

周佳琪反驳："之前说的规定的时间内是有质量要求的，否则，也可以要求你一天就做完啊。"

张蕊蕊继续嘟囔："这样不也是弄完了，大家也没说什么啊。是你们太在意了，我觉得事情顺其自然就好。坏事还有可能变成好事，别说现在还不是坏事呢。"

瞧，她不但不以为意，还居然用了"福祸相依"这样的理论来为自己撑腰。

"我懒得和你说！"周佳琪干脆放弃。

虽然说不着急，但是张蕊蕊在和周佳琪争吵完之后还是打电话查了分数。

手机还拿在手里，白净的小脸就一阵青一阵红的。

"怎么了？"沈敏佳见她神色不好，还以为她为了刚刚的事情烦心，就说，"蕊蕊，你下次不要这样就好了，周佳琪就是个直肠子，说过了就没事了。"

"我没考好。"张蕊蕊愣了半天，蹦出了这么一句。

"啊？"

"哎！敏佳，我又没考好……"张蕊蕊长叹了一口气。

沈敏佳赶紧劝慰："没关系，申请不了提前录取的学校，你十一月份可以再考一次，常规录取赶得及。"

"随缘吧！"张蕊蕊又是一声叹息，"看老天怎么给我安排！"

顺其自然的遗憾

就是这样，没考好，和周佳琪的冲突，这两件事情合在一起，让本来活泼开朗的张蕊蕊这两天有些蔫儿。

我在图书馆的楼道里，看到她坐在顶楼最高处的台阶上，呈四十五度角仰望着上面的玻璃天顶。

"想顺其自然怎么就那么难呢？"这个摆出文艺范般姿势的姑娘哀叹道。

"怎么发出这种感叹？"

"我原以为考试、大学、工作，我尽力了就好；可是现在结果都不如意！唉！难道顺其自然不好吗？非要那种辛苦地拼搏，头悬梁锥刺骨才行？"

"你不想拼搏？"

"不是不想拼搏，我也努力了啊，比如说考试，我又不是去裸考，我也很认真地背单词。可是考不好怎么办呢，我以前拿顺其自然来安慰自己，但是我看到那个分数，心里还是极度不爽！"

"呵呵，这是人之常情。就像你说的，顺其自然，只是用来安慰自己的。人的好胜心和输赢欲望，可能是人性中的一点，克服不了。"

"我以前觉得，如果这是件坏事，也可能变成好事，所以，凡事顺其自然，做完了就做完了，做不完也有做不完的解决方法。可是周佳琪他们也批评我，我知道，确实是我做得不好，我也没有解决的方法！"

张蕊蕊的脸上愁云满布。

"老师！"她疑惑地问道，"我想要顺其自然，但是我心里不高兴那个真的顺其自然的结果，你说，我是不是自相矛盾？难道顺其自然不对吗？"

这确实是个让人纠结的问题。

我想了想，回答道："你不是自相矛盾，顺其自然也不是不对。但是你若是太过随意，就肯定会让自己失望。因为这样，就是对凡事都失去要求。"

"不是，我的意思是，不要太刻意。凡事不要太刻意。你要是刻意追求什么还往往得不到。就像我喜欢一个男生，我再喜欢他，他不喜欢我又能如何呢？

我再表达也没有用啊。"

瞧，居然用了这样的比喻。

我问他："那你的意思是，凡事都应该顺其自然？就拿你刚刚的比方来说，男生不喜欢你就算了？感情该来的会来，该走的会走。感情如此，人生也是如此？"

她回应得挺爽快："是，我是这么觉得的。"

接着，她反问我："这么想不好吗？太刻意了，反而累。要是刻意追求还不得，岂不是更难过？"

"那你会不会遗憾？"

"遗憾？"

"对，遗憾，你没有追求过就'放弃'的遗憾，你没有争取过就'放弃'的遗憾。"

她犹豫了几秒钟，而后说："人总会有遗憾，太刻意了就太累了。"

我追问："所以在遗憾和'累'之间，你选择遗憾？"

"可以这么说吧，但是我想'遗憾'也是因人而异。也许你觉得遗憾，但是我并不觉得呢？"

"子非鱼，安知鱼之乐。"似乎有点道理。

矢志奋斗，打破玻璃天花板

我笑了："张蕊蕊，我们不做一场哲学的辩论，我感觉，归根结底，你不是不想追求，你还是怕'累'。"

她也笑笑："也许吧。"

接着，她说："可能是各人有各人的活法儿，我不想活得那么累。如果是因为这样而让我有一些遗憾，我也认了。"

　　说这句话的时候，她的眉头微微地皱着，语气里满是诚恳。

　　我说："蕊蕊，我认可你愿意自己选择、并且自己对自己负责的说法。但是我还是想对你说几句。第一，你现在才十几岁，不要那么快就给自己的人生定位，说'不想那么累'，因为我实在不知道你到底'累'过多少？你真的肯用未来漫长的日子为那些遗憾埋单，你就真的'认了'？"

　　"第二，人生不是顺其自然，有很多东西都要靠自己努力去争取；还是拿你自己说的喜欢男生的例子来说，不是说让你非得死缠烂打，但若是你试过一次被拒绝就放弃了，或者压根儿都没试过就放弃了，你就真的甘心？"

　　张蕊蕊继续皱着眉头。她张了张嘴，似乎想说什么，但没有开口。
　　我示意她："你说吧。"
　　她歪着头，问道："若是我真的甘心呢？"
　　呵呵，这个女生还是不甘心。

　　我说："好吧，那么你要知道，人不是活在一个人的世界里，很多'遗憾'不是你说自己愿意'认了'就可以了。好比这次活动，大家都很辛苦，若是因为你一个人'认了'，就会伤害了其他同学的感情。他们的付出，会因为你的不能同步而浪费，而遗憾。这个时候，你能说你不管别人是否遗憾吗？"

　　"还有你这次考试，你是努力了，但是你真的用了百分百的力气吗？你可以说还有下一次机会，但是错过了提前录取的申请，你也真的心服口服，不遗憾吗？"

　　"这个，我遗憾。"张蕊蕊看着我，神色很是坦然。

"所以说，若是你一切都用'顺其自然'来解释，来做要求，那么长此以往，你就会失去对自己的要求。你看咱们这个楼顶的玻璃天花板，透着阳光，多让人想去触摸啊。可是，我们再怎么踮起脚尖来够天花板都是很困难的，也很辛苦，但是你再努力一点，再踮起来一点，用你的努力搭一把梯子，不就能够到了？"

"结果就那么重要？"

"你可以说你不注重结果，但是我希望你不要连奋斗的过程和乐趣都享受不到。坚持奋斗，再多坚持一点，再多坚持一会儿，就能最大限度地接近梦想！"

学习 青春正能量

人各有各的活法。

现代社会生活节奏太快，我们是应该放慢脚步，停一停，缓一缓，看一看。心若一直在匆忙中奔波，太累。这种慢生活的主张，很好。但是，若是把慢生活理解成顺其自然的守株待兔式的人生态度，就太过轻慢，轻慢了自己，也轻慢了人生。

很多人都说，随缘，顺其自然，但是他们同时也在说，后悔，遗憾。

这是不是自相矛盾？在我们追梦的路上又该怎样打破这样的心理壁垒和怪圈？

我亦赞同张蕊蕊说的"不要太刻意"，但是我想，顺其自然是心态平和，不强求，但绝不是消极等待，更不是无谓无所谓。

青春追梦，怎么能靠顺其自然？平和固然可以安守，但却输了一份进取的勇气和拼搏的心。所有的期待、渴望和梦想，都在对顺其自然 say no〔说不）！它们蓄势待发，它们需要勇气和力量去拼搏！

踮起脚来够天花板，玻璃天花板也可以打破。

"广大青年一定要矢志艰苦奋斗……梦在前方，路在脚下。自胜者强，自强者胜。实现我们的发展目标，需要广大青年锲而不舍、驰而不息的奋斗。"

人生不是顺其自然。

不强求，不放弃。

矢志奋斗，是青春追梦的最好磨炼。

生活赋予我们一种巨大的和无限高贵的礼品，这就是青春：充满着力量，充满着期待志愿，充满着求知和斗争的志向，充满着希望、信心的青春。

——[前苏联]作家　奥斯特洛夫斯基

"无数人生成功的事实表明，青年时代，选择吃苦也就选择了收获，选择奉献也就选择了高尚。"

——习近平（《在同各界优秀青年代表座谈时的讲话》，2013 年 5 月 4 日）

选择吃苦，就是选择了收获

青春吃苦论

　　2013年5月14日，习近平在天津和高校毕业生、失业人员等座谈时说，"'打铁还需自身硬'，只要青年人肯吃苦，不断学习、不断进步，一定在工作中能够脱颖而出。"

　　"吃苦是一种折磨，是一种资本，也是一种思想境界，而能吃苦更是一种精神。"

　　在青春追梦的路上，我们难免遭遇艰难挫折，青年人要做迎难而上、奋斗到底的开拓者。困难是弱者的万丈深渊，却是强者的垫脚石。

　　"全国广大青少年，要志存高远，增长知识，锤炼意志，让青春在时代进步中焕发出绚丽的光彩。"

·········没有付出肯定就没有收获·········

"这个讨论只是个聊天，对于这个问题也只是冰山一角的一角。很多问题说不清楚，但是有一点我希望你们能清楚——不是所有的付出都有结果，但是没有付出肯定就没有收获。对于这一段属于你们自己的时光来说，选择自由还是选择吃苦奋斗，很重要。"

上大学就意味着自由？

好不容易报完了大学，申请材料也做得七七八八，选大学和选专业的争执暂时被遗忘，大家已经在畅想"自由美好"的大学生活了。

"终于可以不用天天听我妈唠叨了！"张蕊蕊双手合十，做出祷告状，眼神里很是兴奋。

在她的心里，上大学，离开家，就意味着离开父母那些"让他们耳朵都听得起茧子"的唠叨。

我笑："你妈该说的还是会说，你以为她就不说了？你离得越远，她说得越多。"

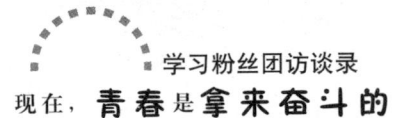
张蕊蕊撒娇般的嘟起了嘴："是啊，我妈天天中午还给我打电话，让我吃蔬菜吃蔬菜吃蔬菜，我看我到了国外，她就会天天要求视频我看着我吃沙拉吃沙拉吃沙拉。"

这句话把大家都逗乐了，肖夏安慰她："哎呀，不管怎么样总是离得远了，你妈不可能像现在在家一样整晚上视频你吧，还有时差呢。"

张蕊蕊点头："嗯，就是，上了大学我就自由啦！"

对于这些十几岁的孩子来说，这种对"自由"的渴望，和对逃离课本、作业和考试的渴望一样强烈。

大家正为"若为自由故"而感慨的时候，周佳琪突然来了这么一句："自由是相对的。没有绝对的自由，只有相对的自由。上了大学，在某种程度上反而不自由了。"

瞧，小哲学家的绕口令又开始了。

赵大元瞪大了眼睛："爸妈管不到我们了，怎么会不自由呢！"

周佳琪解释道："你们觉得可以远离父母就是自由，但有没有想过你要受到新环境的约束，而且你要自力更生，不像在家里那么随心所欲，这就反而是另一种不自由了？"

上大学是为了什么？

沈敏佳笑话她："嘿，你又开始绕口令了。我们听不懂。哪里有那么复杂嘛！"

周佳琪正色："那你们说说，上大学到底是为了什么？"

"为了什么？"

"学自己喜欢的专业，然后有个学历，找自己喜欢的工作？学知识交朋友？

谈恋爱找未来的伴侣？甚至，只是个惯性的力量？"

......

大家说得七嘴八舌。

这果然是个宏大的问题。

周佳琪突然抛出这样一个问题："要是爸妈说我们可以不上大学，你们有人会不上吗？"

赵大元立刻回应："那我必然不上啊，现在就可以不考了。"

周佳琪立刻追问："那不上大学，你去干什么？"

赵大元抓抓脑袋上竖起来的头发："我可以创业啊，读大学不一定有用，乔布斯不就是大学没毕业嘛。"

"你想做什么？"

"呃，我还没想过，不过这个容易，做点什么不行啊，反正是创业嘛。"

"反正不读大学就好？"

我也好奇，怎么就那么不想读大学呢？

赵大元还是抓抓头发："太累。我成绩也一般，实在不想再继续念书了。我都怕了做卷子了。"

周佳琪回应："那要是大学不考试你读吗？"

赵大元瞪着她："大学怎么可能不考试？！要真是不考试，我去读也无所谓啊。"

张蕊蕊笑着插话道："就是，大学要只是读读书交交朋友谈谈恋爱，我也喜欢啊。"

周佳琪悠悠地说："所以说，我们'为什么读大学'的目的虽然很多样化，

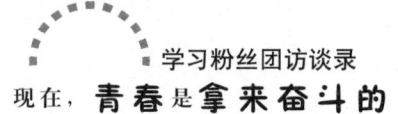
但压力却很单一化。"

众人异口同声："说人话！"

周佳琪一笑："用你们的语言说，就是读大学只要不读书不考试就什么都好。"

说罢，周佳琪还环顾了一圈四周。

选择吃苦，选择收获

张蕊蕊反驳道："你说什么呢，你以为我们都这么没志向啊。"

"那你的志向是什么？"我也追问道。

张蕊蕊说："腹有诗书气自华，我要多读书，做个有气质的女生。"

赵大元说："我想去学点儿化学，虽然我从初三后就没碰过试管，但是我想以后创业开个有机食品的庄园，我得懂化学。"

周佳琪总结："诸君的意思可谓大学之本意，学知见识，广博兴趣。"

"说人话！"

周佳琪还没开口，我就说："我替她说吧。大家的意思就是，大学里，我可以做点我真正喜欢做的事情，为自己的未来打下基础和铺垫。"

"大学不是你去混四年、用睡觉和打游戏去'补偿'你高中三年黑暗生活的地方，也不是你浪费光阴为了一场恋爱哭得死去活来的地方；当然，我更不主张大学是你只是为了未来的工作选择专业拿文凭的地方。"

我解释道："若是蹉跎了岁月，自然遗憾，若是太过功利而浪费了这一段最值得去'学习'的时光，就更是遗憾。"

张蕊蕊若有所思，而后点头说："这段自由的时光需要我们加倍清醒。"

周佳琪赞她："今天这些话说得不错。咱们回到原点那个话题，说自由：自由不是绝对的，是相对的。而且，要自由，就要付出相应的代价。"

我点头："这个讨论只是个聊天，对于这个问题也只是冰山一角的一角。很多问题说不清楚，但是有一点我希望你们能清楚——不是所有的付出都有结果，但是没有付出肯定就没有收获。对于这一段属于你们自己的时光来说，选择自由还是选择吃苦奋斗，很重要。"

学习 青春正能量

我们为什么要上大学？

这是个宏大的问题。

从"为中华之崛起而读书"到现在的迷茫，甚至社会上重新抬头的"读书无用论"，这本身也是个宏大的问题。

每个阶段我们都有自己的人生目标，高中的苦读的短期目标就是为了上大学。而上了大学之后，因为"读书继续性"的消失，所以让我们很多人感到迷茫——之后做什么？没有了之后的目的性，"为什么上大学"自然就成了一个"问题"。

"有些人因为是被家长驱动着选择，有些人是随大流地选择，有些人是对抗了失败后无奈的选择，真正能遵从自己的内心，热爱着选择的，很少很少。"

那么，上大学到底是习惯性驱动还是被动性推动，就成了个很大的悬疑。

先抛开这个难以回答的问题，我们来看看，上了大学之后大家会做些什么？

大学的时光，被当做是青春最后的尾巴，最后"自由"的日子，所以我们肆意挥洒貌似最后的率性：有人扔掉课本沉迷游戏，有人在万花丛中飞，恋爱至上，只有娱乐没有学习，更没有了吃苦，仿佛要把高中甚至过去所有的学习的劳累给"补"回来。这样的"自由"，不应该要！

在所有关于"未来"和"选择"的问题中，我最爱听到关于"梦想"这两个字。他们梦想的大学、梦想的生活、梦想的未来……在这些梦想之中，我看到了他们的热情、渴望、努力和希冀。也许对着流星雨的许愿终未能实现，但是在哭过、痛过、气馁过、挣扎过后，我们依然从未放弃。

大学四年，也被当做是18岁成人后的第一个门槛，第一个转折点，怎么过，怎么转，全看你自己。

"宝剑锋从磨砺出，梅花香自苦寒来"，没有经历过寒霜风雪，哪来得梅花香彻骨？

"吃苦是一种折磨，是一种资本，也是一种思想境界，而能吃苦更是一种精神。"

"选择吃苦，也就选择了收获。"

青春的光辉，理想的钥匙，生命的意义，乃至人类的生存、发展……全包含在这两个字之中……奋斗！只有奋斗，才能治愈过去的创伤；只有奋斗，才是我们民族的希望和光明所在。

——[德]思想家　马克思

　　"为实现中华民族伟大复兴的中国梦而奋斗，是中国青年运动的时代主题。共青团要在广大青少年中深入开展'我的中国梦'主题教育实践活动，为每个青少年播种梦想、点燃梦想，让更多青少年敢于有梦、勇于追梦、勤于圆梦，让每个青少年都为实现中国梦增添强大青春能量。"

——习近平（《在同各界优秀青年代表座谈时的讲话》，2013 年 5 月 4 日）

NO.8

敢于有梦、勇于追梦、勤于圆梦

为中国梦而奋斗论

"青年最富有朝气、最富有梦想。"

青年是时代的先锋，国家的栋梁，梦想的追求者。

"近代以来，我国青年不懈追求的美好梦想，始终与振兴中华的历史进程紧密相联。在革命战争年代，广大青年满怀革命理想，为争取民族独立、人民解放冲锋陷阵、抛洒热血。在社会主义革命和建设时期，广大青年响应党的号召，向困难进军，向荒原进军，保卫祖国，建设祖国，在新中国的广阔天地忘我劳动、艰苦创业。在改革开放历史新时期，广大青年发出团结起来、振兴中华的时代强音，为祖国繁荣富强开拓奋进、锐意创新。在最近的芦山抗震救灾中，大批青年临危不惧、顽强拼搏，广大青年心系灾区、无私奉献，为抗震救灾作出了重要贡献。"

"历史和现实都告诉我们，青年一代有理想、有担当，国家就有前途，民族就有希望，实现我们的发展目标就有源源不断的强大力量。"

············青春要敢于追梦············

"在我看来，她很会表达。梦想去金色大厅被你们笑有什么，谁没有过一两个遥不可及的梦想？"

"'梦想'，若没有'梦'的成分，还怎么去'想'?!"

"关键点就在于，要会表达自己，机会是靠自己争取的。"

心动

学校的海报墙上，贴出了一张年度音乐剧的筹备通告，招收演员和工作人员。

这是学校每年最大的盛典——最大型的演出机会、华美的服装、宏大的舞台、专业的设备；不管是演员还是工作人员，谁能参与进来，就会有一种莫名的荣誉感和骄傲。

因为，这会是学校举办、学生自行编排的最盛大的演出，也将会代表学校去参加全市优秀艺术节目的巡演。

Up on the stage（登上舞台），在镁光灯下的闪耀，对这些十六七岁的少男少女来说，是怎样的一种诱惑和不可抗拒？

招募的要求写得密密麻麻，海报前面围着的少男少女们看得目不转睛。

"哇！IDOL！"人群中传出来一个女孩的尖叫声。

原来，今年招募选拔的女主角，还会多一个"头衔"，就是"校园IDOL（偶像）"。

海报上是这样写的："闪动你的青春，做我们心目中的IDOL！"

"谁选上了这个，谁就是'女神'啊！"

"女神？"

"你不知道？现在早就不流行说什么班花了，要说'女神'！"

叽叽喳喳的议论，热闹非凡。

站在窗前，我看到，青春还未闪动，同学们的心已经开始闪动了。

沈敏佳也驻足在海报前，看了很久。

一脸神往。

"你想去？"张蕊蕊看出了沈敏佳的心思。

"是啊。"沈敏佳下意识地应声。

这个年度盛典和IDOL的头衔，哪个女生都会向往。

"你长得漂亮唱歌也不错，肯定没问题。"

张蕊蕊看着海报，摇着沈敏佳的胳膊。

"可是我在合唱团里唱得不是最好的。"沈敏佳的脸上有点愁容。

"咦，蕊蕊，你不是小时候学过芭蕾吗？你要不要去报名啊？"

看到张蕊蕊看海报的眼神，也有些兴奋，沈敏佳就问她。

"咳，我又不会唱歌，不行的。"张蕊蕊叹了口气。

"噢，那再看看吧。"

两个女孩，都若有所思。

梦想路上的"坎"

三天后。

今天，是递交报名申请的截止日期。

翻完了那厚厚的一摞申请信，加上各式各样的老师推荐信，我总觉得，好像少了一个人。

是谁？

噢！

是那天我站在窗口朝下望，看到在海报前驻足了很久，上课铃响了人群都散去了还没走开的沈敏佳！

这个漂亮姑娘，高二年级的活跃分子，班级文艺委员＋班花，怎么会不来报名？

何况，她那天看着海报的眼神，那么期盼？

"沈敏佳怎么没有来报名？"

在打电话给沈敏佳的班主任宋老师询问后，自习课的时候，我就看到了沈敏佳和张蕊蕊。

"老师，听说您想找我问关于音乐剧的事情，我和蕊蕊一起来了。"

沈敏佳的声音很柔和。

"老师，我们也想有些事情征询您的意见。"

张蕊蕊在旁边附和，礼貌而客套。

"音乐剧，你们这两个活跃分子怎么没报名呢？我就是好奇，想问问。"

"我？"沈敏佳有些犹豫。

"是啊，这样的机会，你不想去？"

"当然想去啊。可是……"她有些吞吞吐吐。

"老师，我来说吧。"张蕊蕊插话道："我们宋老师在班上还特意问了一圈，还有谁报名，报名表还是都交给敏佳收的呢。我们想报名但是不太敢。"

"不敢？是不好意思？"我愈加疑惑。

现在这个孩子都会争着上的时代，怎么还会有退在后面的姑娘？

"不是不好意思啦，是我们觉得，宋老师心里应该已经有人选了。我若不是那个她想要的人，举了手也是平白给人当分母的。"

张蕊蕊说得直接，语气里有掩不住的嫉妒和失落。

"宋老师平时特别喜欢周佳琪，她是副班长，我们都觉得宋老师会推荐她。"

沈敏佳也咬住了嘴唇。

原来如此。

因为招募的"规则"表明，每个班级可以由班主任老师给一名学生写推荐信，这封推荐信是可以在考评中加10分的。

所以，班主任老师的推荐信，无疑是块不轻的砝码。

沈敏佳和张蕊蕊没有信心，也难怪。

"你们想得挺多啊。"我看着这两个姑娘，心里感叹：孩子们"洒脱"的世界里还有如此细腻的心思，或者说，在学校这个小社会里，她们已经不是孩子了。

"不是我们想得多，是事实就是这样啊，老师。我看到宋老师把周佳琪叫到办公室谈了好久呢。"张蕊蕊嘟囔着嘴说。

"周佳琪是副班长，宋老师找她谈话不是很正常吗？难道一定是'密谋'？"我问。

"就算不是，可是，宋老师也没找我们呀……老师，你知道的，各个班的老师对这件事都很积极的，谁不希望IDOL出在自己班上啊。"

沈敏佳的大眼睛一闪一闪。

"所以宋老师没来找你，你就觉得自己没希望了？"我看着她。

"我其实也知道自己的优势并不大，在学校合唱团，我也不是唱得最好的。音乐剧，主要还是看唱功的。"

沈敏佳说得很诚恳。

"宋老师知道我以前学过专业的舞蹈，也没来找我。"张蕊蕊接话道。

"哎！"我叹了一口气，而后笑了出来："哎呀，让我说什么好呢。说了半天，你们居然在等老师主动来找你们？这事情，到底是你们自己的事情，还是班主任老师的事情啊?!"

"你们怎么会这样？这是什么年代了？还觉得酒香不怕巷子深？要不等着路遇星探？90后可不是这样羞涩的啊！"

"老师！"张蕊蕊打断了我，说："我们不是羞涩！"

"我们怕，可能，宋老师会不乐意。"沈敏佳说得很小心，很郑重。

"宋老师会不乐意？班上越多人报名不是越好吗？况且像你们这样的

'人才'？"

"宋老师平时有点'一言堂'，要是她本来心里就不想我们去和周佳琪竞争，我们报名了，岂不是惹她不高兴？我们也不一定有机会选上，何必得罪班主任老师呢。"

沈敏佳的心思细腻到了这种程度，真是我之前没有想到的。

梦想的路上，原来需要跨过的"坎"有那么多。

敢于追梦，青春无悔

"所以你们干脆放弃，不当分母，也不给老师添乱？"

两个姑娘都沉默，表示默认。

"可是你们还是想去的，是不是？"我问。

"想去！当然想去。"张蕊蕊立刻说道。

我真是觉得又好气又好笑。

"我想问问你们，既然很想去，为什么不去试试就放弃？或者说，为什么不相信自己就是老师心目中的那个人选？"

"要是老师心目中有我们，应该会主动来找我们的啊，这也算是为班级争光嘛。"张蕊蕊说得振振有词。

"你自己都不表示你想要去，老师为什么来找你！为什么不先去找那些积极表达的同学呢？"

沈敏佳睁大了眼睛。

"沈敏佳，你是文艺委员，应该更觉得老师会来找你吧。我想知道，之前，你和宋老师相处的时候，你有没有表达过，你想有机会去表演音乐剧之类的？"

我缓了缓口气，问道。

沈敏佳凝神，片刻，她答道："好像，似乎，没有。"

"你知道的，我们做班委的就是干活多，文艺委员是让别人上台，通常自己是不能上台的。"

她这样强调。

"我知道宋老师在大学里学过专业的舞蹈，她平时有和你们说起过她上台表演之类的事情吗？"我继续追问。

"嗯，那是有的。"

"当时你一般会怎么反应？"

"我？我们大多都是听着啊，然后赞美老师几句啦。呵呵。"她有些不好意思地笑。

这个笑容里，带着一丝纯真。

"嗯，所以宋老师八成以上就不会主动找你！"我说。

她愣了一下。对于我下的这个结论，她的眼神里有着明显的疑问和不忿："我就知道，我就是个干活的！"

"不，敏佳，你不知道。"我反问她，"你从来都没有提过你想上台，那为什么老师会优先考虑你？要是老师找你了，你还不愿意怎么办？"

"怎么可能！"沈敏佳小声地叫起来，似乎对我的这种假设很不屑。

"怎么不可能？"我说，"你连报名的机会都放弃，还说你想上台？还有什么不可能?!"

她的嘴巴动了动，似乎想说什么。

我向她们两个解释："敏佳，蕊蕊，提出自己的想法很重要。要是你之前提过，我也想要上台啊，我喜欢表演啊，虽然可能当时没有上台的机会，但是老师肯定会记在心里——噢，这个同学是有这个想法的——有没有能力是另外一回事。若是你连这个基本的意愿都没有表达过，那么老师还可以认为你根本没有这个想法呢。"

"况且，最重要的是，若你连表达的勇气都没有，还能让老师觉得你有上台的勇气？"我补充道。

"可是，就像蕊蕊说的，那要是我提了，也没用，还反而惹老师不开心，怎么办？"沈敏佳问道。

"反正你也没有机会了，最多也是没有，不能更坏了，不是吗？"

沈敏佳不吭声，似乎不太赞同这种"破釜沉舟"。

我继续问她："那你说说，宋老师为什么平时喜欢周佳琪？"

她沉吟了一下："周佳琪工作能力强啊！嗯，她确实比我们会表现，一直说她从小的梦想就是去金色大厅。我们还笑她不自量力来着。"

大概是觉得这么"背后说人"有些不好意思，她又补充道："我们笑她，她倒是不觉得有什么，从来也不当回事儿。"

我点头："这不就是了！就像你说的，周佳琪确实比你们会表现。在我看来，她很会表达。梦想去金色大厅被你们笑有什么，谁没有过一两个遥不可及的梦想？"

"'梦想'，若没有'梦'的成分，还怎么去'想'?!"

"关键点就在于，要会表达自己，机会是靠自己争取的。打个比方，'灰姑娘常有而王子不常有'，人人都以为自己是灰姑娘，等着水晶鞋和王子，那你忘了，水晶鞋也是灰姑娘坚定地说要去舞会才得来的呢。"

她被逗乐了："灰姑娘很多，王子很少。"

"是呀，梦想很多，机会很少。现在面对你的老师，你要善于表达和争取；以后面对其他的事情，也是一样的道理。现在不是流行说'谁为谁代言'吗？按照你们的思潮，不是应该说'我是××，我就为自己代言'吗？"

"老师，我怕我们还差一点。"沈敏佳说道。

"差什么？"

"我在学校合唱团也不是唱得最好的。"沈敏佳说得很认真，"蕊蕊跳舞，也好久没练了。"

她看了一眼张蕊蕊，抱歉地笑笑。

"沈敏佳，你虽然在声乐方面不那么有优势，但是外形和临场反应，都很不错。张蕊蕊你有基本功，而且对于服装舞美的感觉应该不错；你们都有自己的优势啊。"

"要扬长避短，要相信自己。"我说。

"可以吗？"

虽然语气迟疑，但是眼神跃跃欲试。

"我一向赞同，可以尽管试试。试试何妨？退回去说，你们当时觉得宋老师'应该'来找你们，其实不就是对自己的优势有信心？"

沈敏佳不好意思地笑了。

"你们今天能和我说得这么坦率，就说明心里还有渴望，渴望有机会，渴望被别人看到和认可。你们不是没有勇气，只不过差那么一点点被点醒的主动；你们也不是没有实力，只不过还需要更加锤炼自己。"

"嗯！那我们回去就和宋老师说。"沈敏佳的眼睛像轮弯月。

张蕊蕊也笑了。

"我补充一句，"我说，"表达也不是时时、处处让你在说，而是要善于抓住机会。对于有心人，你说一次就够了。说多了，反而有祥林嫂之嫌。"

"呵呵，我们知道了。"

两个姑娘的笑容明媚，声音悦耳。

学习 青春正能量

都说，以前的国人惯于羞涩，不愿意表达自己，不愿意说"我如何如何"；而现在90后青少年们很喜欢说："我是如何如何，我想要如何如何……"

在看到沈敏佳和张蕊蕊的犹豫、纠结之前，我也没有想到这些十六七岁的高中生，还会有如此羞怯的一面。虽然这样的"不表达"，让我们看到了一些来源于社会因素的影响，但是我们毕竟还能看到，在故事的开始，她们在表达她们的不平。

这同样，也是一种表达。

又或者说，有了这场谈话，对她们来说，难道不是另一种表达和另一个机会？

所以，记录这个很普通的故事，也是为了表达这个想法——要善于表达，要抓住机会。

因为，我们要的不光是这种"自我意识觉醒式"的表达，更是对机会的捕捉，对未来的铺垫。

而这种捕捉的能力，可能就会造成未来发展的天壤之别。

灰姑娘很多，王子很少。

梦想很多，机会很少。

所以我们要抓住机会，抓住王子，抓住你的水晶鞋，为你自己代言。

一首"Dare to dream"曾经在奥运会的广场上响彻全球。

Dare to dream, dare to fly,

dare to reach, dare to rise.

敢于梦想，敢飞，

敢达到，敢崛起。

"青年最富有朝气、最富有梦想……青年一代有理想、有担当，国家就有前途，民族就有希望，实现我们的发展目标就有源源不断的强大力量。"

敢于梦想、敢于去追梦的青春，才是无悔的青春。

梦想，使我们奋力前行，勇于担当。

　　"广大青年一定要坚定理想信念。'功崇惟志，业广惟勤。'理想指引人生方向，信念决定事业成败。没有理想信念，就会导致精神上'缺钙'。"

　　　　　　　　——习近平（《在同各界优秀青年代表座谈时的讲话》，2013年5月4日）

没有理想信念，就会导致精神上"缺钙"

精神补钙论

2013年"五四"讲话中，习近平谈到："广大青年一定要坚定理想信念。"

"中国梦是全国各族人民的共同理想，也是青年一代应该牢固树立的远大理想。中国特色社会主义是我们党带领人民历经千辛万苦找到的实现中国梦的正确道路，也是广大青年应该牢固确立的人生信念。"

梦想，是远方的灯塔；信念，是激流勇进的勇气和力量。

信念，是精神上的"钙"。

坚定信念，方能到达灯塔的指引。

青春要信念坚定

"我觉得我的'信念'就在这一点上——首先，我得自己先相信。也许我开始也觉得有疑惑，有问题，但是我必须得自己先说服自己。"

"宏伟"计划

沈敏佳和张蕊蕊是我主动找的。

但是任天辰主动找上门来，是我没有想到的。

"老师，我想和你说说音乐剧的事！"

任天辰一进门，就急匆匆地冒出了这句话。

任天辰，高二（二）班学生，个子不高，身材也瘦瘦小小，走在人群中，就是一个不显山露水，戴着眼镜穿着校服的普通少年。

他不是班委，在年级里面也不是很活跃；我几乎都不认识他，只是记得他应该是校团委宣传部里的一名干事。

普通得不能再普通。

"音乐剧的事？"我疑问。

任天辰能在音乐剧里做什么？他应该当不了演员，工作人员的安排也已经七七八八了，好像——我也没看到他的报名表。

他那么风风火火地跑来，做什么？

"老师，我想申请做音乐剧排练的后勤供应商！"

"后勤供应商？"

"对！我知道咱们的音乐剧起码要排两个来月，每次晚间排练，同学们都很饿，中间休息的时候只能吃些饼干或者喝口水。排练很辛苦的，体力跟不上怎么行？我想做个后勤供应商，在排练厅能摆个摊位，准备一些水果和一台榨汁机，给同学们提供现切水果和鲜榨果汁，既营养又健康！还同时可以提供咱们同学临时需缺的东西，比如湿纸巾、创可贴等等，小卖部不是离排练大厅很远嘛，这样就可以免得让同学们跑来跑去了。"

任天辰说得眉飞色舞，激动不已，脸色因为激动而有些泛红，甚至都喷出了唾沫星儿。

"老师，你要是同意，我们这个后勤供应商的模式，可以推广到学校的各个活动中去，我打算成立一个专门的'后勤团社团'！"

OMG，现代商业社会对孩子的影响力，真是不可小觑。

任天辰他计划宏伟，雄心勃勃！

"听起来不错啊。"我点头。

"嘿！老师你也觉得好啊！"任天辰高兴了。

"我想问你几个问题。"

"您说。"

"你想到切水果榨果汁，有没有考虑过卫生问题？你说给大家提供临时需缺物品，可是音乐剧的工作组是有物资部的，他们是负责提供各种物品的，你要和他们抢活儿干？"

这是两个最基础的操作层面的问题。

任天辰的小眼睛透过镜片闪动着光芒，他说："水果卫生问题，我会买当天的水果。我们削水果的刀都随时用酒精棉花消毒，要是有同学不放心我们可以直接卖给他整个的水果，让他自己去洗，这样大家就都放心了吧？至于物资供应，工作组的物资部供应物资是要占用整体成本的，所以是有控制的，用起来大家都缩手缩脚，听说每次都只有主演能用。我们的物资供应，是满足全体同学，包括来看排练的观众！大家都方便嘛！"

嘿，任天辰果真是有备而来！

我赞赏他的机敏和筹谋，但还是要继续提问。

"任天辰，你现在是提出了一个不错的方案，但是这事情一则重复单一，要耗费时间在那里待着，还得干活，利润又不大；二则还要参与两个月的时间，占用每天自己吃饭和活动的时间，很难让别的同学有兴趣参与吧？还有，这件事你只是提出了一个方案，从你个人来说并没有特别大的优势和'不可替代'性，若是别人也跟风来做，你怎么办？"

这是从操作层面上升到实际层面的两个问题。

"你想过这两个问题吗？"我严肃地问他。

出乎意料地，他笑了，爽快地回答道："我想过！"

这个回答，让我又一次惊讶了："噢？那你打算怎么办？"

"我没打算怎么办。"本以为他既然想到了就有应对之策，但是他居然这么说。

我看着他。

他的解释更加让我疑惑，他说："因为我觉得那些都不是问题。"

我心下更加惊讶：这两个是大多"初期创业者"都会碰到的问题，他居然觉得不是问题？

信念是第一要素

他不大的眼睛里充满了坚毅的神色："因为我相信我能做成！"

这就是解释？

我试图劝他："任天辰，你的热情很高，但是有时候单凭热情是不行的。你拼着冲劲儿向前，可是万一不行呢？你得有方案，有规划，有策略，有退路。这些都得想好，不是你说你相信就可以的啊！"

我觉得自己说得苦口婆心，为了这个男生的"单纯的热情"。

但是他微微一笑，摇头："我觉得最重要的是信念，信念是第一要素！"

我开始为他这种"执著"而担心："任天辰，你真的认为光有信念就可以了吗？"

他回应我："老师，我想先解释一下我的'信念'给你听。"

"好。"

"我的信念，就是我充分相信一件事情，充分相信能把它完成，达到我的目标。好比说，我现在要做的这个项目，我知道从一个普通同学的角度来看，会觉得没什么意思，甚至无聊，但是我就能发现并且发掘其中的乐趣。一旦我发现了，我就会坚定不移地相信这个乐趣，我就会坚定不移地相信这个活动能给我带来益处。然后，我向别人宣传的时候，我就不是所谓的'忽悠'，而是我本身就坚定地相信这确实是一个好的活动，有乐趣的活动，对人有益处的活动。

有很多人在做虚假宣传的时候确实也说得慷慨激昂热血沸腾，就像那些做传销的，但终归不如你内心真的相信这一点，说起来有感染力，很动人。假的终归敌不过真的。所以我觉得我的'信念'就在这一点上——首先，我得自己先相信。也许我开始也觉得有疑惑，有问题，但是我必须得自己先说服自己。"

他一口气说完了这么长的一段，眼睛里炯炯有神，闪动着热切的光芒。

他补充道："所以我自己先相信了，才能让别人相信。现在，我对这个后勤供应团就很相信它的潜力，很能看到它的前途。我们不是在做低级的工作，我们是在做一个庞大的校园商业个案！"

说得好！——我暗暗地在心里给他鼓掌。

与其说是这一段话说服了我，倒不如说是他眼里热情坚定的光芒打动了我。

不过我反问他："那么第二个问题呢？若是别人也跟风做，你怎么办？毕竟你这个项目没有任何技术含金量，也没有任何'版权'在里面啊。"

他坐了下来，很绅士的坐姿。

"我确实想过这个问题。"

"那？"

"我可以先问问你，若是你先参加了我这个项目，然后有另外一个人来做，你要怎么样才不会'跳槽'？

我喜欢他这种反问式的思考方式。

"呵呵，这也正是我想问你的。换位思考，需要怎样，才不会'跳槽'？这个问题提得很好，很有意思，把活动放到今后你可能参与的企业经营上来看，也是同样的道理。"

他神秘地笑："嘿嘿，我还能再问你一个问题吗？"

"你问吧。"

"你觉得要是你是一个参与者，能够吸引你留下的是什么？"

我稍稍想了一下，回答道："若拿项目活动来讲，就是乐趣、朋友。我能获得乐趣，能交到朋友。我想，这两点是很重要的吧。"

"那能够让你不'跳槽'的理由会是什么？"他继续追问。

"你比别人组织得更有乐趣？——可是这个'乐趣'是没有上限的，况且，别人也可以复制你的模板啊。"

我开始疑惑他究竟想问什么。

他又是神秘地一笑："那么同样的活动，你跟我走，不跟他走，会不会是因为我这个领导者更有吸引力呢？"

噢，原来说的是这个！

我很少有地感觉到被一个孩子在"牵引"着思考，这让我看他的眼光又多了几分探究和欣赏。

我摆出一副愿闻其详的态度。

他说："我想说的就是'领导力'的问题，我想任何一个团队中领导应该是核心和灵魂人物。我看过一本书，上面说，最'高端'的领导是可以什么都不用做，只起到精神领袖的作用。以他的人格魅力来吸引大家，这比其他任何手段，包括薪酬、福利和发展空间等都具有不可替代性。"

我点头。

他说得有些激动起来："我的信念一则在于我的活动本身，我对我设计的活动和项目有信心；二则就在于我自己本身，我对我的个人魅力和领导力有信心！"

他的思维逻辑清晰，且充满自信。

我赞赏道："嗯，你确实说得有道理。领导力，尤其是领导本身的人格魅力确实是至关重要的一点。可是，你确定你现在有这样的足够的魅力？"

他也乐了："呵呵，我努力吧。"

坚定信念，不莽撞

"任天辰，还有两个最关键的问题，组委会工作组为什么要答应让你做？让你插上一脚？任凭你说得天花乱坠，但是一则这事情本身可有可无，是锦上添花，而不是雪中送炭的东西；二则学校会觉得你个人从中获利，哪怕利润再微薄，学校为什么给你提供平台从中获利？"

这是从实际层面上升到最本质层面的两个问题。

"任天辰，你想过吗？"

我知道这样的问题对这个只有十七岁的男生来说太过严苛，但是既然他对自己那么有信心，就应该是他能够接受的问题。

信心的道路上，可以有勇气，但不能有莽撞。

"老师，今天我来找你，你是不是很奇怪？"他绕过问题，开始反问我。

"是。"

"老师，你平时是不是不太认识我？"

我笑笑。

"老师，今天之后，你是不是会对我印象很深了？"他笑着问。

"呵呵，你说得对。但是这不表明我一定会答应你啊？"

"老师，"他眨了下眼睛，狡黠地笑，"'为什么选我'这个问题其实很好回答，老师，你今天肯听我说这么多，我想你应该已经开始赞同我了吧！"

这个男生，真有点鬼精灵的意思。

他继续说："让我去做，对学校来说给我提供这个平台没有任何损失啊。要是我能做成，对于整个音乐剧，包括以后的活动，不是反而给学校提供了便利吗？"

"你觉得你就一定能做成？"

他笑："至少我觉得我现在是自信的，这是一股力量。我知道在很多同学眼里觉得我有些'二'，但是我就'二'到底了，'二'，也是一种独特的魅力嘛！"

"老师，请给我一个机会，让我'二'一把！"

他是笑着说的，但是语气诚恳真挚。

我也笑了："好，既然你决定'二'到底了，那么我祝你成功！"

学习 青春正能量

写下这个故事，是因为迄今为止，我还记得这个十七岁的男生从瘦小的身体里爆发出多么强大的力量，他的眼睛里闪动着多么热情而坚定的光芒，让我感叹，那执著的力量和青春的勇气。

这种光芒，闪动在一个十几岁少年的眼中，对于现今社会上那么多抱怨、颓废、指责的负能量来说，是很可贵的。

这种信念，就是一种正能量的输入，无比强大。

就像任天辰在最后回应我时说道："信念，就是成功的第一要素。我不是狂妄，也不是阿Q，我是拼命地给自己打气。正因为我知道前面有困难，这条路不好走，我才要拼命地给自己打气。"

是啊，若连你自己都不相信自己了，还能指望谁来相信你？

要是你连目标都没有，还有什么可以追求？

"'功崇惟志，业广惟勤。'理想指引人生方向，信念决定事业成败。没有理想信念，就会导致精神上'缺钙'。"

追逐梦想的过程中，我们也许对遭遇挫折有解决预案，也许对终未达到有着心理准备；但是，我们能不能一直坚信，一直保持着对理想、对信念的坚定呢？

这不是一种单纯的执著，也不是傻傻地钻牛角尖。

这是一种灯塔般的指引，指引你勇往直前。

当信者自信，不信者不信。

人生如此，梦想和青春更是如此。

　　"精神的力量是无穷的，道德的力量也是无穷的。中华文明源远流长，蕴育了中华民族的宝贵精神品格，培育了中国人民的崇高价值追求。自强不息、厚德载物的思想，支撑着中华民族生生不息、薪火相传，今天依然是我们推进改革开放和社会主义现代化建设的强大精神力量。"

——习近平（《在第四届全国道德模范座谈会上的讲话》，2013 年 9 月 26 日）

精神的力量是无穷的，道德的力量也是无穷的

道德力量论

"伟大时代呼唤伟大精神，崇高事业需要榜样引领。"

长期以来，"不断推进公民道德建设，弘扬中华传统美德，培育时代新风，中华大地涌现出一大批道德模范、最美人物。"

习近平强调，要大力加强思想道德建设。雷锋、郭明义、罗阳身上所具有的信念的能量、大爱的胸怀、忘我的精神、进取的锐气，正是我们民族精神的最好写照，他们都是我们"民族的脊梁"。

弘扬真善美，传播正能量，激励人民群众特别是青少年崇德向善、见贤思齐，鼓励全社会积善成德、明德惟馨，为实现中华民族伟大复兴的中国梦凝聚起强大的精神力量和有力的道德支撑。

·············青春要选择高尚的人性·············

"更重要的是，这是人性的道德选择。青春和人性里都免不了小阴暗，但是我们还是应该坚持正确的道德选择。青春的多样性，给予每个人选择自己生活方式的自由；但承认多样性决不意味着放弃原则、混淆是非、颠倒黑白，无论怎样选择，都不能离开做人和社会道德的底线。"

模范生的花边新闻

收完报名表，审核完材料，就要开始准备面试了。

刚准备把打印出来的面试顺序表贴到楼下，我就接到了高二年级组长张老师打来的电话。

"你听说了吗？沈敏佳的事情！"张老师劈头就问。

"什么？"

"沈敏佳暗恋一个男生，每天用微博写自己的心情，现在不知道谁把这个微博打印了出来，贴在了楼道里！全都在议论呢！"

张老师的语气又气又急。

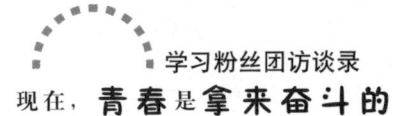

现在，青春是拿来奋斗的

居然有这种事！

我不是吃惊她玩暗恋，现在这个年代，连恋爱都被家长默许，更何况是暗恋？

但是，默许终归是默许，是摆不到台面上来的。

沈敏佳都知道微博要匿名，说明她也清楚明白，这种"花边新闻"是不能出现在她这样的"模范生"身上的！

而现在，居然不光被揭开，还如此公之于众！

张老师着急，是因为他一直看好沈敏佳这个漂亮且能干的姑娘，更希望女主角和IDOL的头衔能落到高二年级，而并非现在呼声很高的高一年级的合唱团新星王妤涵身上。

现在，在即将遴选的节骨眼上，沈敏佳居然陷入了"绯闻"！

学校领导会怎么想？还会选一个"不正面"的形象去代表学校参加市里的巡演吗？

我明白其中的利害关系，明白张老师的着急。

"张老师，这种事情可大可小，只是暗恋嘛，也没做出什么出格的事情。"

"不止！"张老师急匆匆地打断了我，说，"沈敏佳的爸妈都知道了！说是收到了条短信。她妈妈家教很严，一听说这种事，已经把沈敏佳带回家了！说不许她再参加活动，说活动多了才有那些乱七八糟的事情！"

我的心里打上了一个大大的惊叹号。

事情的发展，居然如此迅猛！

"我主要想知道沈敏佳的面试排在哪一天，能不能往后调一下？现在家长正在气头上，她回不来。"

原来，张老师是不想让沈敏佳就这样失去了机会。

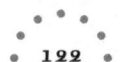

校园面试的"内幕"

校园面试，是件有意思的事情。

成人找工作的面试，看的是第一次的直观印象和表现能力、表达能力，细节不太糟糕的话，主要是看整体分数。

而校园的这种"工作面试"，因为大家之前大多都认识，虽然有熟悉程度的不同，但未免有先入为主的印象——谁活泼谁沉静谁外向谁机敏，大多已经心里有了大概。

这种"先入为主"虽然提供了比三五分钟的"聊天"更为详实的背景资料，但也不免有失公允，尤其是对那些平时不为人所熟知的学生来说，若非临场表现得很出色，就很难给人留下深刻的印象。

所以，校园面试又何止那临场的几分钟时间和几个问题。
很多"战斗"，早在那三五分钟之前，就打响了。

我完全听明白了张老师的叙述，很明显，这就是有人在这个关键时刻散布对沈敏佳很不利的消息，还算计上了家长的力量来阻止沈敏佳参选。
多么险恶的用心！

"沈敏佳自己怎么说？"我问张老师。
"她没说什么就走了。"
"想办法让她早点回来吧，先和她谈谈，再看情况。"
"这个好办。"张老师毫不犹豫。

"告密者"竟然会是她

两天后。

"张蕊蕊，我算是白把你当朋友了！"

这一句尖厉的女声，是沈敏佳的声音。

我的办公室隔壁，就是高二（三）班的教室，这是午饭时间，同学们基本上都在食堂，教室里很少人。

这样高亢的声音，很容易就传了过来。

沈敏佳回来了？她在和张蕊蕊吵架？

我怀着好奇的心情，走到了门口。

"你说！你为什么要这么干！"沈敏佳怒气冲冲。

"你凭什么说是我干的？"张蕊蕊反唇相讥。

"不是你还有谁？除了你，我没和第二个人说过！只有你知道我的那个微博！"沈敏佳激动地把手里的笔摔到了地上。

张蕊蕊?!

她和沈敏佳初中也是一个班级，同一个宿舍的上下铺，听说连幼儿园也是同一个！两个人现在也是孟不离焦的样子，是大家公认的好朋友！

"告密者"竟然会是她?!

"你怎么知道不是别人搜出来的？"张蕊蕊并不承认。

"不可能！别人搜出来？谁要去搜？就算是网络上无意中看到的对号入座了，可谁还有我妈的手机号码，能给她发短信?!"

张蕊蕊脸色一暗。

"你不吭声就是承认了？"沈敏佳看着张蕊蕊低头不语。

"你为什么要这么干啊！"沈敏佳再次追问。

张蕊蕊还是不说话。

"你以为你不说话我就不知道了？你不就是想在面试前给我弄点绯闻出来造成不好的影响吗？这是为什么？难道你以为我选不上你就有机会了？你是不是一直巴不得我选不上?!"沈敏佳厉声质问。

还没等张蕊蕊回应，沈敏佳又继续质问道："你说你在学校说我就说我吧，干吗还要扯上我爸妈？你是不是不放心啊，怕老师觉得这个没啥，你非得让我妈带我回家你才安心了?!"

"张蕊蕊，你到底安的什么心？我怎么都觉得不认识你了！"
说完这一连串的几句话，沈敏佳已经激动得气息不匀。

"我安的什么心？我以为你选不上我就有机会了？"张蕊蕊一声冷哼，说道，"对，是我干的！就凭你这么看不起我，我觉得我干得没错！"
"我看不起你?!"

"你说我以为你选不上我就有机会了不是看不起我是什么?!"张蕊蕊毫不示弱，"我知道，你是什么都比我强，你比我漂亮你比我能干你比我讨老师喜欢，我没有自知之明非要和你一起报名，我也是在白日做梦！但是，你要是不参选，我也许就有机会了！"

"张蕊蕊你疯了！我们认识十几年了你这么看我！这么看你自己！"
"我是疯了！这十几年来我走到哪里，哪里都有你，你以为我喜欢一直甘愿当绿叶来陪衬你这朵红花啊！这是我高中阶段最后一次机会了！你还要和我抢！"

"我和你抢？你要是觉得你可以，咱们可以公平竞争！你要这种阴暗的手段算什么！"
"公平竞争？说得好听，你长得漂亮，你妈还和张老师是中学同学，你没报

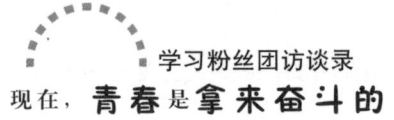
名老师都要找你问一问，谁会来问我?! 我拿什么和你竞争！"

梦想路上看不见的"坎"

听到这里，我的心里一激灵。

原来，我不经意的做法已经伤害了张蕊蕊。

原来，张老师和沈敏佳还有这层关系在里面，怪不得张老师那么急切地给我打电话呢。

通往梦想的路上有很多"坎"要过，看得见的，还有看不见的。

我还在思索，就听到教室里的争吵突然变成了低音。

张蕊蕊抽泣了起来，带着哭腔说道："沈敏佳，我知道我这么做很不道德，但是我控制不了我自己。将来上了大学，竞争的人更多，我不想失去最后一次可以登台的机会。"

"你就那么想上台？"

"嗯。"

"可是真的不是没有我就是你啊，还有王妤涵，还有那么多其他竞争的人啊。"

"能少一个是一个吧。"

张蕊蕊说得赤裸而坦诚。

"蕊蕊，我很生气，但是难过更多。"沈敏佳的眼泪也滴了下来，"哪怕你要是早点告诉我，你有多么想上，多忌讳我，我都可以不报名的。咱们认识十几年，难道还比不过这个女主角的身份吗？"

"你告诉我妈，大家都笑话我，没什么，事情总会过去的，但是咱俩之间过得去吗？"

张蕊蕊递过去一张纸巾，说："我告诉你妈，确实有点过了，我道歉。"

沈敏佳接过纸巾，擦着眼泪，说："大家快吃完饭回来了，我不想让别人知道是怎么回事。别哭了。"

说着，就走了出来。

我最好的朋友就是我最大的敌人？

看到我在门口，沈敏佳明显一愣，脚步一滞。

我轻轻摇头，示意她不要叫我。

"你什么时候知道是张蕊蕊的？"

"事情一出来我就猜到了，只有她，知道我那么多事情。"沈敏佳已经平静了下来。

她自嘲地笑笑："被好朋友背叛是电视剧里最老套的桥段，没想到我也没能免俗。"

"别难过。"

"我刚刚是对她说我很难过，但其实我不难过，我能理解。"沈敏佳摇摇头，说，"我一直知道，我最好的朋友就是我最大的敌人。"

这句话让我震惊了。

沈敏佳的语气决绝，让我觉得她是因为受了这件事情的刺激有感而发。

"你因为这件事所以这么说？"

"不，不是，不是因为这件事。"沈敏佳连连摇头，"我这里说的，不是特指张蕊蕊，而是泛指。"

"为什么会把朋友和敌人这两个词联系在一起呢？"我探究地看着她。

"可能我这样想听起来太吓人，但我确实是这样想的。没事的时候，朋友可以一起自习一起吃饭一起逛街；有了利益冲突，作为你身边最亲近的人，就会是最忌惮你的人。她一忌惮你，就会心里各种不舒服，就会想办法对付你。"

因为是好朋友，所以比旁人有着更多的"共事"机会，更容易互相发生利益冲突。

因为是好朋友，所以彼此熟悉了解，更容易这样构陷算计，甚至出卖。

这样的逻辑概念，让我心颤。

"张蕊蕊说她嫉妒你，你感觉到了吗？"

"我感觉到了，但是我没办法和她谈，和她说，她还会觉得我在看不起她，更恨我。"

"你会不会想得太偏激了？"

"也许吧，但是嫉妒的心真的很可怕，张蕊蕊今天这样出卖我，不就是最好的例子吗？"

"那也许是她一时冲动，不一定要用'敌人'这么个头衔吧？"

"她出卖我还不是敌人吗?!"沈敏佳果真是平时不爱说话，一争辩起来就伶牙俐齿。

"可是我总觉得，你这样来定义'好朋友'和'敌人'，让人听了心里不太舒服。"

"老师，"沈敏佳叹了一口气，"我心里也不舒服啊，我也不愿意这样。张蕊蕊这么做真是莫名其妙！一个女主角罢了，放到十年后，哪怕五年后看，算得了什么！她真让我失望！"

"那么，你难道一辈子都不相信会有真心朋友了？你才多大？"

她不吭声。

我追问："那你，有没有想过也这么对待你的朋友？"

她立刻摇头："我才不会这么干。"

"为什么？"

"太低级，我是靠实力的。"

语气里，满是不屑和骄傲。

"你以后，不会再把张蕊蕊当朋友了？"

"可以相处吧，毕竟还在一个宿舍，还要待一年，但是肯定不会像从前了。"

"老师，"沈敏佳低低地说，"我知道，上了大学之后，我不会再和她联系了，不会了。"

她的语调低沉，眼眶里泪水盈盈欲滴，有着一种说不出的哀婉。

我相信，这个时候的沈敏佳，心里很是挣扎：气恼、伤心、迷茫，种种情绪都在纠缠。

人总是伤了情，再伤了心。

正确的道德选择，向往光明的人性

我劝她："敏佳，你要知道，不是所有人都是这样的。人是需要朋友的，虽说知己难得，但正因为难得，所以才珍贵。你不能一票就全部否决，不能吃过了一次难吃的饭以后就不再吃饭了吧。"

她微微地点头："嗯。"

我知道她这头点得心里并不情愿，只是为了不驳我的面子。

"我知道我现在很难说服你，因为我说不出来你自己身上正面的实例。"

她不好意思地笑笑。

我继续说："你这么做有你的理由和想法，我尊重。但是我想告诉你，所有的事情都没有绝对的，世界上也不是除了朋友就是敌人。你的逻辑没有问题，你的防人之心也没有问题，只不过，你的逻辑导致的结果太绝对，你的防人之心太深重。"

她看着我，还是不说话。

我反问她："那么，既然你早已经认定张蕊蕊会是你的敌人，那么还一直和她交朋友做什么？按照你的逻辑，那应该干脆不搭理，不给她留下了解你的机会，不是更简单？"

"我确实很纠结。"沈敏佳长叹一口气。

"敏佳，今天的事情确实你是受害者，所以你的心情我能理解。但是我希望你记住，不是没有利益牵扯的人就不会害你——'损人不利己的事情'也有人干，也不是所有和你竞争的对手就会恶意相向。这是很复杂的人性的问题，不是我们今天说两句就可以分析明白的。我只是希望，你能稍微放开一点怀抱，不是每个人都那么内心阴暗来算计你的。若是你，不是那么强烈地防备对方。我想，所谓真心，当事人应该是最能感觉得到的。"

"更重要的是，这是人性的道德选择。青春和人性里都免不了小阴暗，但是我们还是应该坚持正确的道德选择。青春的多样性，给予每个人选择自己生活方式的自由；但承认多样性决不意味着放弃原则、混淆是非、颠倒黑白，无论怎样选择，都不能离开做人和社会道德的底线。"

她带着泪水浅浅地笑："谢谢你和我说这些。"

学习 青春正能量

朋友，是我们最常用到的一个名词。

伯牙的高山流水，把朋友提升到了一个"知音"的高度；而到了现代社会，朋友两个字反而在不断地降低位置，似乎发过一张名片、打过一次招呼的人都可以称之为"朋友"。

外延越大，内涵就越低。

沈敏佳的"绯闻"风波，引出了这个关于"朋友"和"敌人"话题。

成长有代价，友谊也有代价。

正确的道德观告诉我们张蕊蕊在犯错，毫无疑问。但正如最后我问沈敏佳的那个问题："你又是否真心把她当好朋友？既然你一开始就已经防范戒备，已经有心理准备她会成为敌人？"

这个问题，也真的太过纠结。

可能，我们无法讨论朋友和竞争乃至背叛这个终极话题，因为我们甚至无法正视我们自己内心的阴暗，只好把所有的问题都推到人性的复杂上面去——本来就如此，是我控制不了的呀！

选择什么样的，不光是人性的选择，也应该是道德的选择。

青年人如何面对道德选择，当是人生路上最重要的一课。

古人云："百行以德为首。"一个缺乏道德的人，必然为社会所不容，为世人所不齿。

"积小德养大德"，我想，我们或许不能控制人性，但我们仍然应该怀抱希望，选择向上。

因为，向往光明，也是人性的本能。

　　"实现中国梦必须凝聚中国力量……有梦想，有机会，有奋斗，一切美好的东西都能够创造出来。全国各族人民一定要牢记使命，心往一处想，劲往一处使，用13亿人的智慧和力量汇集起不可战胜的磅礴力量。"

　　——习近平（《在第十二届全国人民代表大会第一次会议上的讲话》，2013年3月17日）

有梦想，有机会，有奋斗，
一切美好的东西都能够创造出来

青春力量论

"实现中国梦必须凝聚中国力量。这就是中国各族人民大团结的力量。"

"中国梦是民族的梦，也是每个中国人的梦。只要我们紧密团结，万众一心，为实现共同梦想而奋斗，实现梦想的力量就无比强大，我们每个人为实现自己梦想的努力就拥有广阔的空间。生活在我们伟大祖国和伟大时代的中国人民，共同享有人生出彩的机会，共同享有梦想成真的机会，共同享有同祖国和时代一起成长与进步的机会。有梦想，有机会，有奋斗，一切美好的东西都能够创造出来。"

"全国广大青少年，要志存高远，增长知识，锤炼意志，让青春在时代进步中焕发出绚丽的光彩。"

Spring is.....

············青春有着无比的蓬勃力量············

"真正的不平凡，是要靠自己的双手挣来的。会很辛苦，但那会是真正属于你的人生！平凡或者不平凡，你都不用担心受怕，不用焦虑烦躁；你的人生，不在别人身上，在你自己手里！青春里所有向上的力量，最是蓬勃！"

踢掉成长路上的绊脚石

沈敏佳刚走，我给张老师打了个电话。

"张老师，沈敏佳今天回来了？"

"对，对！上午刚回来的。我正要给你打电话说呢！她今天能不能去面试啊？"

"面试不着急，我想问问微博那件事情，现在是什么情况？"

"年级里面的意见是，尽量淡化。她毕竟没发生什么实质的行为，那个男生也不是本校的，影响也不算太大。这种事情，大家议论几天也就没了。我们和家长也谈了，沈敏佳还是个好学生，要注意保护嘛。"

张老师四十多岁，已经官腔十足。

"那有没有调查是谁捅出来的这件事情？"

"这个，不重要了吧，"张老师稍一迟疑，说道，"查也不好查，再说要是再查下去，事情不就收不了尾了？还是尽快收尾，让沈敏佳好好准备面试吧。"

张老师绕来绕去，都要绕回到"面试"这两个字。

大事化小，小事化了，尽快收尾，免得麻烦，不就是这个原则？

没有人关心事情的源头，更没有人在意这次绯闻事件的背后是什么。

孩子成长的路上，会遇到很多的坎，师长们总会用尽力气去踢掉，似乎踢掉了那块绊脚石，就踢掉了所有问题。

其实呢？沈敏佳的眼泪和尖锐，张蕊蕊的激动和戾气，都仍然还在。

张蕊蕊，是个乖巧的姑娘，相貌清秀但不出众，成绩尚可也不优秀，有绘画特长，是班级的宣传委员，长长的编发，走"森女风"的路线。

我真的很想知道，是什么，让这个平日里热心助人的姑娘，会使出这样阴暗而拙劣的手段？

是什么，让她如此激动而执著于要上台？

光一个"嫉妒"，怎么足以让人信服？

"张老师，沈敏佳要是还参加面试，就尽快吧，拖得太晚了不知道又会出什么岔子。"

"对，对！"

"还有啊，单独调她一个人的时间不好吧，我想，要不就把她们班报名的人整体调一下？"

"好，好！"张老师不疑有他，一迭声地表示感谢，"你考虑得很周到，太感谢了啊！"

有多少人甘心做绿叶

这样的安排，让我在下午放学后，就见到了张蕊蕊。

她的面试被我安排到了最后一个，因为我想有单独和她聊聊的机会。

"中午，我听到了你和沈敏佳在班上吵架。"

开门见山，表示坦诚，也让人来不及掩饰。

张蕊蕊的表情果真有些错愕。

"为什么要这么做？"

"老师。"她喃喃地回应，却没有说下去。

"你用了不光彩的手段，伤害了一个好朋友，还很容易被揭穿，会失去一个好朋友，值得吗？"

"老师，你是在批评我吗？你们是不是都帮沈敏佳说话？觉得我做错了？!怎么没有人理解我？!"

张蕊蕊的情绪，突然激动了起来。

"难道你觉得自己没有做错？"

"我做错的，就是自己傻傻地一直做绿叶陪衬红花，谁也注意不到我！"

"你觉得没人注意到你？"

"我长得平平，成绩平平，能力也平平，放到人群里，就是个被湮没的人，那么平凡，谁能注意到我啊！"

张蕊蕊的语气不无落寞。

"那你就选择这种方式来引人注目？!"

"我没有别的办法啊，我心急……我当时根本想不到别的办法……"

"那你就选择去伤害朋友来达到目的？"

"难道平凡的人就没有资格去追求不平凡?!"

"有资格，但是不是用你这种方式方法！不是以损人还不一定利己的方式方法！"

张蕊蕊像是钻进了牛角尖，让我生气。

大约是碍于老师的面子，她嘴巴张了张，但是没有再说什么。

"你就那么想上台？"我看着她，问道。

"我想。"她也直视着我，目光里有着说不出的期盼，"老师，我真的很想。看到这次那么多人都报名了，我也想能有上台的机会。我知道自己很可能选不上女主角，但是少个人竞争，我能当个第一女配角也不错啊。至少，在我十八岁之前，我也能当朵小红花，绽放一次。"

她的眼神里，流露出无比的向往和艳羡。

虽然知道她的做法不对，但是我也确实被她这种渴求的眼神所打动。

是啊，没有看过红花，绿叶也许甘心就是绿叶，但是看到百花齐放，又有多少人真的甘心做绿叶？

不平凡的"代价"

"张蕊蕊，我多少理解你，但是你这么做，确实不对。"

她不吭声。

我问她："你很想不平凡是吗？"

"那当然！"

她答得毫不犹豫，暗含着一种疑惑问我，谁不想不平凡呢？

是啊，人很难甘于平庸。

古人说"出人头地"，"人往高处走水往低处流"，都是在说，我们要如何如何不平凡，才好。

"那你最想哪方面不平凡呢？相貌？学业？"

张蕊蕊一愣，片刻，说："我还没想好。不过，只要有一方面能达到我就很开心了。"

这句话倒是答得质朴。

"那你这么想。要是想相貌改变，美若天仙，你可以去韩国整容，那么多人造美女呢，对吧？咱们整不成世界小姐但至少也可以打九十分。要是想学业出色，那就加倍努力。虽然基础不一样，但是勤能补拙，你把每天那一个小时编头发的时间花在背单词上，效果肯定会有的。考不到第一第二，但是前十终归有的。"

我笑着看着她："你看，方法是有的，你想要去做吗？"

她似乎有点吃惊我说的这两个"方法"，语气里有些犹疑："整容吧，不好，人造的，而且太危险。学习吧，我现在已经挺努力的了，再多一点，我就一点儿自己的时间都没有了。"

说完，她立刻补充道："人家是先天的，比如长得好看的。我先天什么都没有！"

瞧，人性的劣根性就在于本能地推脱责任，且把责任归于一个虚无的东西上。

"张蕊蕊，你确定你先天什么都没有？"

"我爸妈把不好的都遗传给我了，我爸是单眼皮我妈是双眼皮我就是单眼皮！我爸皮肤白我妈皮肤黑可是我偏偏皮肤黑……"她嘟着小嘴在抱怨。

我有些被她逗乐了："嗯，看来你是挺不幸的。"

女生总爱说男生不该以貌取人，只看外表不看内心，其实最在意外表的人就是女生自己。

"就是呀。"

"那让你去整容你不去！你嫌自己是单眼皮的话，就去开个双眼皮，多简单的事儿啊！"我故意这么说。

"哎呀，那个听说挺疼的，我不敢。"

"那不说整容，让你再努力学习呢？这总是安全无风险的吧？"

"我都说了啊，我已经很努力了，再多努力一点儿我连发微博的时间都没有了。唉，可能是我天生太笨，我爸妈遗传给我的智商太低。"

嘿，又回到遗传学上面来了。

我觉得有些好笑："张蕊蕊，咱们现在不提遗传学的问题，就像你说的，遗传的结果已经在这里了，是我们无法改变的了。咱们现在要讨论的是，如何让你'不平凡'，是不是？"

"嗯。"她点头。

"可是我说的方法都被你否定了。"

她立刻叹气："所以我只能继续平凡下去了。"

"不是。可能你过的日子和很多同龄人无一二般，你觉得没劲没意思，但是又不肯努力。你有没有想过，'不平凡'和'不平凡的日子'是要付出代价的？"我问她。

"看到那些整过容的明星年纪大了以后是什么样吧？看到过那些比电视剧还精彩的现实版豪门恩怨的八卦吧？你也学明星戴着黑超，偶尔戴戴觉得挺美，可是让你天天都得戴着要不上街就有人拽着你，你还会觉得感觉好吗？你连去开个双眼皮都嫌疼，还想着抱怨自己为什么平凡?!不努力，不付出，总想着天上掉馅饼。就算天上掉馅饼，你也要有能力接住才行啊。"

我知道我的这番话说得有些咄咄逼人，但对于这个在钻牛角尖的姑娘来说，不下点猛药是不行的。

果然，她的眼眶开始泛红："唉，那我就只能如此了。"

青春的蓬勃力量

"那你就不要抱怨。"我不放松。

她有些委屈的样子，又撅起了嘴。

我放缓了语气："蕊蕊，你是个很好的姑娘，健康、快乐，有自己的兴趣、爱好和想法。你的性格和人格都没有什么缺陷，你不知道，你的'只能如此'在很多人看来是很羡慕的。"

"对于失学儿童来说，你居然可以坐在有暖气的屋子里上课；对于生下来就是残疾的孩子来说，对于那些被父母遗弃或者挣扎在贫困线上的孩子来说，你都幸运得多，幸运得很。"

她想打断我。

我止住了她，继续说："我知道你想说什么，你想说我说的这些都是个案，你是在和大多数人比，而不是和少数，对不对？"

她点头。

现在，**青春**是**拿来奋斗的**

　　"蕊蕊，和大多数人比，你觉得自己和他们差不多。确实如此，从表面上看，你们过着差不多的生活，有着差不多的人生轨迹，但若是有一天，你现在所拥有的失去了，比如你健康的身体出了问题——一个牙疼就能让你彻夜难眠，那个时候你还会想着你是单眼皮还是双眼皮吗？"

　　我继续说："要有一颗平常心。你可以向往'不平凡'的生活，那你就得做好付出努力的准备，以及应对那'不平凡'的生活的代价。你也可以快快乐乐地珍惜你所拥有的，过不做皇帝不操心的日子。"

　　"我是在努力的。"她很快回应。

　　"但不是发匿名短信那样的努力！"我看着她，说，"我听宋老师说你报名以后在外面练舞，这就是努力。要努力，但不是那种以伤害别人为代价、走暗黑的路径的努力！那种暗黑的努力，就算你一时侥幸成功，未来也会得不偿失。因为，真正的不平凡，是要靠自己的双手挣来的。"

　　"会很辛苦。"

　　"会很辛苦，但那会是真正属于你的人生！平凡或者不平凡，你都不用担心受怕，不用焦虑烦躁；你的人生，不在别人身上，在你自己手里！青春里所有向上的力量，最是蓬勃！"

学习 青春正能量

　　如果我是美女、富商、总统，我的人生会是怎样的不平凡！

　　相信很多人，都有过这样的想法，很多十几岁甚至几十岁的人，都做过这样的"白日梦"。

想想没有关系。想要不平凡无可厚非，十几岁的青春正激扬，本来就不用去践行"平淡是真"的成年体会。

你愿意为之努力去做也没有关系，用青春奋斗拼搏，打拼未来，最终就算不成功，也无悔。

怕的，就是像张蕊蕊刚开始的这种不付出且抱怨的心态。我是屌丝，没办法，那是生来的。

最怕的，就是在追求"不平凡"的过程中，会有选择性的偏差——自己的努力很辛苦，所以往往会选择走"捷径"。张蕊蕊对沈敏佳的构陷，就是一种偏差的做法。

怎么办？

就像我最后对张蕊蕊说的："选择权在你的手上，平凡还是不平凡都是你的青春。"

要么你安守寂寞，要么你用自己的双手努力拼搏。

你的努力，谁也偷不走，谁都看得见。

流过了汗水的青春，才是最不平凡的青春。

"有梦想，有机会，有奋斗，一切美好的东西都能够创造出来。"

"全国广大青少年，要志存高远，增长知识，锤炼意志，让青春在时代进步中焕发出绚丽的光彩。"

"广大青年一定要勇于创新创造。创新是民族进步的灵魂，是一个国家兴旺发达的不竭源泉，也是中华民族最深沉的民族禀赋，正所谓'苟日新，日日新，又日新'。生活从不眷顾因循守旧、满足现状者，从不等待不思进取、坐享其成者，而是将更多机遇留给善于和勇于创新的人们。青年是社会上最富活力、最具创造性的群体，理应走在创新创造前列。"

——习近平（《在同各界优秀青年代表座谈时的讲话》，2013 年 5 月 4 日）

生活从不眷顾因循守旧、满足现状者

青春创新论

"勇于变革创新，为促进共同发展提供不竭动力。"

"世间万物，变动不居。'明者因时而变，知者随事而制。'要摒弃不合时宜的旧观念，冲破制约发展的旧框框，让各种发展活力充分迸发出来。"

习近平在2013年博鳌亚洲论坛年会开幕式上如是致辞。

在2013年的"五四"讲话中，习近平提到了对于青少年创新发展的要求：

"广大青年要有敢为人先的锐气，勇于解放思想、与时俱进，敢于上下求索、开拓进取，树立在继承前人的基础上超越前人的雄心壮志，'以青春之我……，创建青春之国家，青春之民族'。"

"要有逢山开路、遇河架桥的意志，为了创新创造而百折不挠、勇往直前。要有探索真知、求真务实的态度，在立足本职的创新创造中不断积累经验、取得成果。"

………青春是最有创造力的………

"创新也是一种学习能力。我们不断坚持学习，也要不断坚持创新，你们的青春是最有活力的，最有创造力的，不就是应该在创新中发展向前的吗?!"

冲突

面试的结果出来之前，任天辰恭恭敬敬地把后勤供应小铺开张的宣传单送到了各位老师手里。

他笑着对我说："老师，宣传单我已经贴到了各个班级的教室里，同学们反映很热烈呢。"

"那很好啊。"

"我想在节目排练之前，先试营业一下，就在教学楼下摆个摊位，看看同学们的口味与喜好和我们预算的差别有多少，我们还可以调整。老师，你看行吗?

"可以，你试试吧，每天一个小时。"

我对于这个兴致勃勃且思虑缜密的男生的商业试水，也很期待。

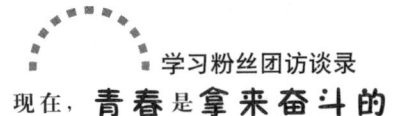
第二天。

放学后，我站在窗户前，看到楼下任天辰的小摊位前人潮涌动，场面热闹。

果然不错。

"你们这是在干什么?!"

一个尖厉的女声穿透了嘈杂的人群。

我定睛一看，是高一年级的组长金老师。

金老师五十岁不到，教数学，平时不苟言笑，总是一副严肃认真的样子。

任天辰赶紧从人群中挤出来，汗也来不及擦，就跑到金老师面前："金老师，我们是音乐剧后勤小组，给参加活动的同学提供水果和果汁，今天第一天试运营，看看同学们喜欢什么。"

"老师，您要不要试试？"旁边，早就有乖巧的女生拿了一杯苹果汁递了上来。

"我不喝！"金老师根本不理，还一脸怒气，"你不知道今天我们高一要搞义卖活动吗？你现在把这楼下都占了，让我们去哪里？谁同意你们在这里的？我看不是高一的学生，是高二的吧，你们张老师知道吗?!"

这一连串的问题，把任天辰问懵了。

"金老师，我们前两天和老师说过的。"看金老师脸色不愉快，任天辰小心翼翼地解释。

"前两天?!我们可是一个月前就安排义卖了！这是为了给地震灾区赈灾用的！"金老师立刻下了命令，"你马上把摊位撤了！"

撤摊位？

这任天辰哪里肯，就争辩道："老师我们确实不知道有这个活动啊。"

"那你现在不是知道了吗?!"金老师很不屑这个问题。

任天辰不知道，要管理刚入校的高一新生，金老师历来强势，不容他人分辩。更何况，在她看来，任天辰就是无理取闹，还不知好歹！

"你还等什么?!"金老师的声音又拔高了几分。

"老师，我们能不能一起啊？反正地方也大，您要是愿意用门口这块地方，我们可以马上换个位置，您看行吗？"见金老师态度坚决，任天辰只好退让一步。

"不行！"金老师断然拒绝，"我们是做义卖！正经的事情！你们在旁边吃吃喝喝算什么?!"

"怎么说我们是不正经的事情……"任天辰不高兴了，小声地嘟囔道。

"你说什么？"金老师毫不放松，"难道要我亲自去找你们张老师下来才行?!"

拿现管来压制，任天辰咬了咬嘴唇，挣扎了下，正纠结如何回答，就听到了张老师的声音。

话语权和利益

"金老师，我们的学生搞点活动，都是正经事，大家可以一起做嘛！"张老师从楼里出来，三步并作两步，走到了金老师面前。

"这是什么正经事？不就是吃吃喝喝？"自恃自己年长几岁，金老师一点面子也不给张老师留，说，"我知道你们这个什么后勤团，供应水果是不是？是不是你们高二的演员多，就让你们去弄这个？"

瞧，终于说到了问题的关键点！

我没有下去"救"任天辰，也就在于此。

各个年级和社团活动，在年级组长以上的领导中，都会提前知会，金老师断没有不知道的道理。最关键的是，我们知道高一年级是有义卖活动，但其实

现在，青春是拿来奋斗的

根本没有安排具体日期。

她今天寻了下来，让任天辰撤摊，说到底，不就是因为音乐剧可能入选的大部分演员和工作人员都在高二年级，连后勤供应也让高二年级的学生做，所以她气愤恼怒吗？

"我们这一届高一的同学非常优秀，能力强，责任心强。年龄不是问题。"这是金老师常说的。

所以，她气不平，只能拿任天辰开刀，来表明自己的话语权。

在这样的情况下，我就算下去，难道和她针锋相对？

她不是针对任天辰，也不是针对张老师，只是一个年级组长太维护自己的学生，太"争"一些所谓的"利益"而已。

这样的"争夺"，在校园里很常见。

金老师，也就是个太要强的老师。

这一场音乐剧，真是大幕还没拉开，各路人马就已经登台。

"哎呀，金老师，瞧你说的，哪里有这回事。"张老师惯来会做人，绝不会当着学生的面和其他老师争执，更何况金老师和他都属于中层领导。

当街吵架?!一则丢份，二则还会泄露太多的秘密！

让学生知道老师之间的关系亲疏，是大忌！

"同学们自己想干点事，我们觉得也挺好，就鼓励鼓励他们嘛！"张老师一脸笑容，说，"您要是觉得高一有学生也愿意做，可以一起来？"

"任天辰，你看金老师多看重你们，给你扩大一下队伍，挺好吧！"一边说着，张老师还拉过了任天辰。

任天辰多机灵，立刻反应了过来，赶紧应声道："是，是，我们很欢迎高一的同学的！"

都说伸手不打笑脸人，可是金老师是个例外。

"做不做再说，今天我们要搞义卖，你现在怎么办？撤不撤？"

金老师还是口气严肃，不依不饶。

看来，她是铁了心要赶场了。

如此不留情面，张老师的脸上也有几分挂不住。

"金老师，这样吧，再给我们二十分钟，我就让他撤了！你们可以先出来布置，先布置嘛，布置也要花时间的。你们布置完了，我们就走了。"

缓了一口气，张老师想了个折中的法子。

"行吧，你们赶紧弄吧。"金老师毕竟不是年轻气盛，也知道见好就收。

金老师一点头，四周偷偷围看的同学，都悄悄地散去了。

热闹看完了，自然就走了。

任天辰的摊位，也顿时冷清了不少。

我看着他，仍然卖力地在吆喝招呼，声音里多了几分嘶哑。

骨感的现实

半个小时后。

"老师！"

意料之中，任天辰一脸疲惫地出现在了办公室门口。

"坐吧！"

我看到他的T恤已经汗湿了大半，手指上还贴上了创可贴，应该是刚刚切水果或者洗榨汁机的时候弄伤的吧。

"很累吧！"

"嗯！"任天辰点头，犹豫了下，说，"老师，身体累倒还好，心里有点累。"

"嗯？"

"我没想到同学那里没出问题，老师这里先出了问题……"他一脸沮丧。

"刚刚金老师下来……"

他正要解释，我打断了他："我其实在窗户前，看到了。"

"啊"，他轻轻地叫了一声，看着我，不再说话。

"你是不是怪我没有下来'救'你？"我问他。

他有些不好意思地笑笑——这是正常的，当初是我答应他今天可以，理论上我就应该对他有所交代。

"不过，我想先问问你，为什么当时没有向我'求救'呢？你可以对金老师说真相，或者给我打个电话？"

这也确实是我好奇的。按常理来判断，他不是应该这么做吗？

我忘了，任天辰当初主动请缨，就没有按常理出牌。

"老师，"听了这个问题，任天辰似乎一瞬间就恢复了常态，他的小眼睛里闪烁着灵光，"老师，我当时第一反应确实是给您打电话，但是我又立马告诉自己不能这么干。"

"为什么？"

"虽然那个时候我不知道金老师为什么突然冲我们来，但是我知道我不能当面和她吵，要是把您说出来，岂不是让她下不来台了？我本来做的就是后勤供应，同学就是我们的客户，我可不敢得罪年级组长啊！您也看到了，连张老师都让着她呢。"

任天辰的逻辑，一如既往的清晰。

"要是张老师当时不出来打圆场呢？"

"要是张老师不出来，我就只能自己给自己找台阶下了。反正，我们也算卖过了，产品反响不错！"任天辰咧着嘴，露出了一丝自嘲的笑意。

磨砺是最好的成长

"你既然想得这样明白，那你还委屈什么？还觉得心里累？"

"嗯，"他默默地点头，说，"想明白是一回事，能不能做到又是另一回事，心里爽不爽更不是一回事。"

"呵呵，你到底有'几回事'？"

"就是我控制我自己的冲动，但是心里不爽！"他直截了当地说出了自己的不满，"我听明白了，金老师是为了音乐剧的事情在较劲，我这个无辜的人就被牵扯了进来！"

"你无辜?!"

"我当然无辜啊，我又不是演员，我也不是张老师，不和她抢名额……"

"你才不无辜呢！你做的事情和音乐剧有关，你就不无辜！你打着音乐剧的旗号试验你的商业计划，就像金老师说的，你做得，人家也做得。你身在其中，无辜什么！"

"那我明天就不能继续摆了？刚刚最后金老师和我说，他们明天还要继续义卖，让我们晚点摆摊。可是晚点的话，同学们都要回教室上自习了。"

任天辰果真不是光为了诉苦，而是为了解决问题。

"这个问题你自己想怎么办，你要是连这点都解决不了，还怎么继续做？"
我故意不给他任何建议，因为我相信对于内心坚韧的男生，磨砺是最好的成长。

"老师！"他嚷嚷了起来。
"你之前不是说，遇到阻力你都会想办法解决的吗？怎么才一天，就坚持不下去了？"
"我坚持得下去！就是这真的是'梦想很丰满，现实很骨感'啊！"
任天辰一边表决心，一边感叹。

"这就叫现实骨感了？一个金老师就把你吓跑了？你就没办法了？"
"和我想的，确实不太一样！我没想到老师会成为我的阻力！"

"任天辰，难道你觉得所有的阻力都在你的计划之中，然后都在你的掌握之中？今天没有金老师，也许会出现其他的意外，或者阻扰、障碍，等等，都不一定。我知道你考虑细致，但是再细致都没有万全。"
"嗯。"

"你可以说，这是音乐剧的角力波及了你，是蝴蝶振翅的效应影响了你，但是这些我觉得都不重要。第一，你得接受，梦想和现实就是有距离。因为想和践行本身就是两个不同的概念。想到，能做到，才是能干。第二，重要的是，在你觉得梦想和现实有距离的时候，怎么办？除了哀叹和抱怨，你要怎么办？"

"怎么办？"

"都说树挪死人挪活，事情是死的人是活的呀，你不是最擅长灵活机变吗？我回答你刚刚的问题吧，金老师让你晚点来，你可以和她商量，说你们明天为义卖提供后勤服务啊，你非要卖果汁吗？你可以去帮忙其他的事情啊？我想金老师是不会拒绝一个帮忙的人的吧。"

任天辰的眼睛一亮。

梦想不怕距离

"梦想和现实的距离，可以理解为梦想的阻碍，也可以理解为梦想的偏差。我们想得很好，我们辛苦努力，但不一定抵达原始的那个终点。但是我觉得没关系，因为各种原因，我们在前行的路上不断修正自己的道路，走到最后，也许不是最初设想的那个终点，但是我们也走了一路过来，看到了不同的风景，体验了不同的人生。你又怎么知道，你最后走到的那个终点，不是你真正想要的呢？"

"金老师不会拒绝一个帮忙的人，我也不会拒绝调整自己！"任天辰还是狡黠地一笑，说，"我的梦想，是做商业实践，是做成这个校园后勤团，卖果汁还是卖T恤，真的不重要。"

果然是个聪明的孩子。

"你觉得心里累，在通往梦想的路上，你还会继续累，"最后我对他说，"这是梦想和现实的距离，也是你成功的代价。"

"但是，梦想不怕距离，因为你有无畏困难的信念，怕的是你不会变化，不会转圜，怕的是你没有创新的精神。只是一味地坚持，不会随着周围事情的变化调整自身，不会顺应形势而创新，就不能更好地发展成长。"

"创新也是一种学习能力。"任天辰感叹道。

"你说得对，创新也是一种学习能力。我们不断坚持学习，也要不断坚持创新，你们的青春是最有活力的，最有创造力的，不就是应该在创新中发展向前的吗?!"

学习 青春正能量

为梦想奋斗，不仅要摔碎汗珠，还要摔碎几颗泪珠。

这是任天辰的故事，也是梦想和现实的距离。

梦想和现实有距离不可怕，可怕的是你被这个距离所吓倒！

"人生之路，有坦途也有陡坡，有平川也有险滩，有直道也有弯路。……青年时期多经历一点摔打、挫折、考验，有利于走好一生的路。要历练宠辱不惊的心理素质，坚定百折不挠的进取意志，保持乐观向上的精神状态，变挫折为动力，用从挫折中吸取的教训启迪人生，使人生获得升华和超越。"

最初的梦想，是鼓励我们前行的勇气。

梦想和现实的距离，是修正我们道路的方向。

我们不是向现实低头，而是可以通过各种努力，去不断缩小、修正，甚至弥补这个距离。

不畏艰难是一种前行，吸取经验教训调整进取也是。

每一次的付出都有意义。

只要我们坚定自己的信心，哪怕现实再骨感，哪怕前面的沟壑再深，我们也有勇气和力量去跨越它，填平它！

"生活从不眷顾因循守旧、满足现状者，从不等待不思进取、坐享其成者，而是将更多机遇留给善于和勇于创新的人们。"

用青春的活力和创造力，在前行中不断调整、创新，这更是一种人生的智慧和力量！

人世间，比青春再可宝贵的东西实在没有，然而青春也最容易消逝。最可宝贵的东西却不甚为人所爱惜，最易消逝的东西却在促进它的消逝。

　　　　　　　　　　　　　　　——著名诗人、作家　郭沫若

　　"人生之路，有坦途也有陡坡，有平川也有险滩，有直道也有弯路。青年面临的选择很多，关键是要以正确的世界观、人生观、价值观来指导自己的选择。"

——习近平（《在同各界优秀青年代表座谈时的讲话》，2013 年 5 月 4 日）

要以正确的世界观、人生观、价值观
来指导自己的选择

正确选择论

正确的价值判断和价值选择，是青春选择的唯一标准。

"广大青年要把正确的道德认知、自觉的道德养成、积极的道德实践紧密结合起来，自觉树立和践行社会主义核心价值观，带头倡导良好社会风气。要加强思想道德修养，自觉弘扬爱国主义、集体主义、社会主义思想，积极倡导社会公德、职业道德、家庭美德。"

"要用中国梦打牢广大青少年的共同思想基础，教育和帮助青少年树立正确的世界观、人生观、价值观，永远热爱我们伟大的祖国，永远热爱我们伟大的人民，永远热爱我们伟大的中华民族，坚定跟着党走中国道路。"

·············"三观"要正，人生的路才能正·············

"你们正处于世界观、人生观、价值观的养成期，有正确的价值判断，对于正确的世界观、人生观和价值观的养成，很重要。'三观'要正，人生的路才能正。"

退出?!

参演名单明天就要公布了。

几轮面试下来，两个年级都有几个优秀的女生不相上下。

"沈敏佳的舞台能力有目共睹啊！"张老师强调。

"我们王妤涵可是合唱团的金嗓子，唱音乐剧不找她找谁?!"金老师也不甘示弱。

两位年级组长，争论得异常激烈。

女主角只能有一个。

怎么办？

现在，**青春**是**拿来奋斗的**

"老师！"正当我纠结的时候，门口传来了一个温柔的女声。

"王妤涵？"我在飞快地猜测，这个高一年级最热门的候选人，这个时候来，是为了什么？

王妤涵，合唱团的新星，外形和声线都很优秀，要不是考虑到她年纪稍小，舞台经验不足，应该就是不二人选了。

学校领导也发过话，这个女生，值得好好培养。

她看上去是个挺文静的姑娘，长直发，梳成妥贴的马尾垂在脑后，宽宽的大脑门，平平的眉毛，温和的眼神和笑容。

"老师，有件事我想和你说。"她有些吞吞吐吐。

"怎么了？"

"我，我现在想退出音乐剧的选拔，不知道，还行不行？"

退出?!

在她很有可能入选的情况下，她选择退出?!

"为什么？"我看到王妤涵的眉宇间，有着几分犹豫和忧郁。

"我爸说让我转学去美国念高中，可能下个月就要走了。"

突然要转学?!

见我惊疑，她着急补充道："老师，我是这两天才知道的，要不我就不参加面试了，现在确定要走了，我就想着赶紧说，免得耽误了事情。"

我看到她的目光有些躲闪，语气却很平静，全然不像在说一件"人生大事"。

看似在陈述，实则在犹豫。

"这么突然？"我问。

"嗯，我爸妈一直没告诉我在办，连让学校开成绩单都是和班主任老师说是参加夏令营。就是怕我不想去。"

"他们知道你不想去？"

"他们觉得我舍不得吧……"

"那，你自己到底想去还是不想去呢？我刚刚感觉你的态度有些犹豫啊。"

她的手指来回交错，说："去呢，按照我的成绩，能上个不错的学校，以后申请美国的大学也有优势。但是呢，我一个人到那里肯定会不适应，开始的日子会很难，语言啊生活啊学习啊之类的，比起读完高中再去上大学，要难得多；更何况，要是真的走，以后也一直在那里上大学，我又舍不得这里的同学和朋友。"

她说的虽然絮叨，但是很平实。

不过很明显，她所谓的"困难"虽然是真实存在的，但却不是留下来的必要因素。

"那你要是在这里读下去，除了生活方便和同学朋友之外，你觉得还有什么优点吗？"

"我对这里的情况更熟悉，我现在在做的这些工作，也许能够发展起来，成为我以后的助力。"

"就这些？"

"就这些吧。"她又想了想，"嗯，要不还有，还有我爸爸妈妈那边，会想我的。"

天意还是心意？

我笑了笑，换了个方式问："要不，你抓个阄吧，既然你两边都觉得有好处，都有割舍不下的东西，就让老天来决定吧。"

王妤涵明显一愣。

她似乎有些纳闷我为什么会这么提议，还有些不开心，好像在责怪我是不是在敷衍她，再次强调："老师，我是认真的！"

意思是，你怎么能采取这么无稽的方法来敷衍我？

我坚持让她这么做，调侃道："你就试试，就当好玩嘛。这是件严肃的事情，咱们先轻松一下。"

或许是"天意"这个词打动了她，人在无奈纠结的时候总会寄希望于一些外在的力量，尤其是一些神话般的力量。很利索地，她就做好了两个纸条。

这场谈话，居然发展到了这样"游戏"的一步。

A还是B？

人生的一面还是另一面？

她似乎真的郑重了起来，深吸了一口气，再小心翼翼地把两个纸团放在手心，双手合十，来回地摇晃，眼睛还微微地闭了起来，很是虔诚的样子。

我看着她。

她轻轻地放下纸团，屏住呼吸，眼睛在两者之间不断地犹疑。终于，锁定了一个。

她伸过手去，拿起来，在空中停顿了一秒钟，似乎在考虑是不是要换一个。

我看着她，原本带着玩笑的心理也被感染得郑重了起来。

她停住手，下了决心打开了那个纸团。

一秒钟的工夫，她把打开的纸团递给我，说："看，我要留下来。"

她的语气平静，听不出任何波动。

我想，若不是我仔细地看着她，就会错过在那一秒钟她眼神里闪过的那一丝失望。

果然，我没有猜错。

我还是看着她："你想去，你心里是想去的。"

她的眼睛一闪："你为什么这么说？"

"从一开始，你说的那些去的困难、生活，还有这边的朋友，都只是'困难'，而这些，恰恰是你在考虑到那边的生活，在畅想，所以才会想到这些困难。而对于留下来的'优势'，你几乎没有提，在我问了之后，你也只是用了'也许'这样模糊的字眼来回答，说明它在你心目中的分量不重。是不是？"

她若有所思。

"所以，我让你抓阄，不是好玩，是为了让你心里肯定。举个例子吧，一个女孩去买裙子，到底是粉色的好看，还是蓝色的好看？自己琢磨不定，但是当她穿上了粉色的，别人说不好看，她立刻会不高兴甚至反驳的时候，她就知道，自己还是喜欢粉色的。一样的道理，我让你抓阄，只是希望你能在打开纸条的一瞬间，心里有所触动，到底是欣喜？还是失望？那一瞬间的感觉，不就证明了你心里最真实的渴求和想法了吗？我觉得，我刚刚看到了你有那么一点儿失望，或者说，你没有立刻很高兴的样子。"

她的眼睛里闪烁着光芒，点头道："是，我承认，我刚刚是有那么一点儿失望。"

"不过"，她反问道，"若是这样的选择让我患得患失，好比有了白玫瑰就会觉得红玫瑰才更好呢？"

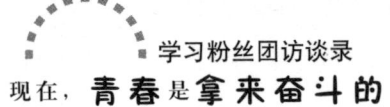
果然是个聪颖的姑娘，思维敏捷。

青春的选择

我回答她："这山望着那山高，或者是在这边遭遇失败了，然后再后悔自己当初的选择，都是人之常情，你也会的。所以这就是我要说的第二点：只有发自内心的选择，才会引爆你的小宇宙。"

我解释："跟随你的内心，尊重你内心的选择，你选择了A。在这样内心的激情得到满足的情况下，就算你遇到困难了，你势必也会爆发出比无奈被动地选择B的情况下更大更多的能量。兴趣是学习最好的老师，来自内心的热情也会是战胜困难的最好原动力。你自己想想，做一件事，主动的和被动的，期间投入的比例和产出的结果，是不是大不相同？"

她点头："嗯，我同意这个说法，但是我还是有点儿怕自己只是听自己的，会不会太不理智了？"
很冷静的一个姑娘。

"会不理智。单就这件事情而言，当然远不止抓个阄那么简单。你是在做一个人生的重大决定，也许这个决定真的能形成你以后两种不同的人生轨迹。所以，你当然要慎重。我相信，你的爸妈也是慎之又慎。在这样的时刻，尊重自己的内心固然重要，理智地考虑实情也同样要放在首位。"

她有些疑惑："那我该怎么办？"

"我相信，'情况分析'你在心里已经做了几百遍，没有明显的优势和劣势才让你难以抉择。你既向往出国的'美好生活'，又觉得有困难，不是那么有信

心，但是又不舍得放弃这个能够加速你进入名校的机会。所以，你要考虑的不是去不去，而是考虑如何克服这些困难。说到理智，从你自身的条件来看，你的语言基础不差，你的自我管理能力也不差，这些语言和生活上的困难，应该是能克服的。基于这样的实际情况，我觉得你考虑去是没有问题的。"

"人生面临的选择很多，其实，不管你是去大洋彼岸，还是留下来，只要基本的价值判断和价值观是正确的，你的选择就不会错。"

"基本的价值判断？"

"是啊，好比说，你现在选择去留学，是为了追求更好的学习机会，并不是为了追求什么虚荣的机会和生活，这就是基于正确的价值观的判断，就是可以判定为一个正确方向的选择。假如你选择留下，只是为了在父母身边有安逸轻松的生活，那就是有偏差的价值判断。"

"我可没有这么想。"王妤涵浅浅地笑，眼睛很亮。

"所以我才说你考虑去没有问题呀。你们正处于世界观、人生观、价值观的养成期，有正确的价值判断，对于正确的世界观、人生观和价值观的养成，很重要。'三观'要正，人生的路才能正。"

学习 青春正能量

Follow your heart.
跟随你的内心，这是你最强大的原动力和支撑。
人生最难的不是奋斗，是抉择。

人生有很多种可能性，并不是一步就能达到终点。越是面对多种诱惑和选择，越是要保持清醒的头脑和内心的坚定。只有遵从自己的内心，做自己喜欢做的事情，才不会患得患失，犹豫不决。

青春的力量，不就在于有勇气去尝试，去拼搏吗？

敢于追梦的一个前提就是，要有梦想，而这个梦想，就在于你的内心。

你心底的声音，就是你的梦想之所在。

心有多大，梦就有多大。

也许有人会说，内心的欲望永无止境，怎么跟随？更甚者，难道内心的贪婪和邪恶也要跟随？

让我用最后回答王妤涵的话来回答这个问题，我说："遵从你的内心和控制你的内心是相辅相成的。遵从它，是情感；控制它，是理智。只有情感和理智同时得到了满足，才能引爆出内心最强大的小宇宙。"

"青年面临的选择很多，关键是要以正确的世界观、人生观、价值观来指导自己的选择。"

要有正确的价值判断，"三观"要正，人生的路才能走得正。

青春的美丽与珍贵，就在于它的无邪和无瑕，在于它的可遇而不可求，在于它的永不重回。

——诗人　席慕容

"广大青年一定要练就过硬本领。学习是成长进步的阶梯，实践是提高本领的途径……让勤奋学习成为青春远航的动力，让增长本领成为青春搏击的能量。"

——习近平（《在同各界优秀青年代表座谈时的讲话》，2013 年 5 月 4 日）

NO.14

让增长本领成为青春搏击的能量

增强本领论

2013年5月21日，四川芦山。

习近平来看望慰问受灾群众，部署下一步抗震救灾工作。

在龙门乡隆兴中心学校，习近平参加了五（二）班主题班会。

一个男孩说，我想当科学家，建造会飞的房子，这样就可以免受灾难危害。

习近平说，青少年要敢于有梦。从《西游记》到凡尔纳科幻小说，飞船、潜艇今天不都有了吗？有梦想，还要脚踏实地，好好读书，才能梦想成真。

有了本领，才能实现梦想。

"广大青年一定要练就过硬本领。学习是成长进步的阶梯，实践是提高本领的途径。青年的素质和本领直接影响着实现中国梦的进程。古人说：'学如弓弩，才如箭镞。'说的是学问的根基好比弓弩，才能好比箭头，只要依靠厚实的见识来引导，就可以让才能很好发挥作用。"

"青年人正处于学习的黄金时期，应该把学习作为首要任务，作为一种责任、一种精神追求、一种生活方式，树立梦想从学习开始、事业靠本领成就的观念，让勤奋学习成为青春远航的动力，让增长本领成为青春搏击的能量。"

·········青春是用来学习本领的·········

"你们不是没有实力，只不过还需要更加锤炼自己。音乐剧只是一个小舞台，在你人生未来的大舞台上，要敢于去梦想，敢于去抓住梦想，还要敢于去挑战自己，锤炼自己。"

"潜规则"？

第一次排练的名单终于贴在了教学楼的门口。

这虽然是第一次初选名单，但离最后结果也差不多了。

小小的一张A4纸，已经被眼尖的同学看到，瞬间，就被围得水泄不通。

"周佳琪"三个字，赫然在女主演的那一栏。

"是她啊！"不少女生都在惊叹，议论。

"怎么是她?!"沈敏佳似乎不相信自己的眼睛。

"居然是她！这个假小子！"张蕊蕊愤愤不平。

现在，**青春**是**拿来奋斗的**

两个姑娘的脸色，都阴沉了下来，很不高兴。

办公室。

"是不是因为周佳琪是班长，老师们都喜欢她就选了她！"
沈敏佳内心应该是着实委屈，向我抛出了这么一个"潜规则"的疑问。

"她哪有敏佳漂亮！"张蕊蕊插嘴道。
"她也没有像你一样学过芭蕾！"沈敏佳替张蕊蕊抱不平。
这两个姑娘，一唱一和，好像真的在为一个潜规则的故事而吐槽。

但是我知道，能让这对"好朋友"连枝同气的，不是委屈，而是赤裸裸的嫉妒！
粉饰人心，和粉饰太平一样，是人性的习惯。

"你们是在嫉妒周佳琪吗？"我问。
面对伪饰的疑问，最好的方法就是单刀直入。

沈敏佳的脸色微变，有些尴尬。
张蕊蕊稍一犹豫，说："我们是嫉妒她，凭什么是她啊！"
索性抛开来说，也就坦诚可爱。

"凭什么不是她？"我反问。
"她长得那么普通，也没见她有什么特长。"
"就是，她长得不是最漂亮的，在合唱团里唱得也不是最好的。"

两个姑娘翻来覆去，都是这句话。

原来，外在的和内在的在孩子们心里的考评一样重要。

"就是因为周佳琪会表现吗?!"沈敏佳不服气。
"光凭勇气怎么行?!"张蕊蕊也嘟起了嘴。

"我们待会儿一起去排练现场看一看吧。"我说，"咱们一起去看看，也许能回答你们的问题。"

第一次初选排练，是公开的。
为的就是能让大家看得清楚台上演员的实力。

梦想不靠想，靠实力

排练大厅。

已经有几个同学在台上，舞蹈老师在台下站着指点。
遥遥看去，一个穿着鹅黄色裙装的女生站在舞台中央，把手轻轻地抬起，在空中划过一道好看的弧线。
她缓缓地转着圈，微微抬起下颔，那一次又一次的旋转，柔和、轻盈而灵动；每个舞步，每个转动，仿佛都是出之于对生命的喜悦，让人感觉到无比的舒畅。
伴着轻柔的音乐声，轻歌曼舞间，说不出的娉婷婀娜。

"啪!"
舞台中央的顶灯亮了。
那明黄色的光晕下，女生缓缓地转到舞台的最前方，身姿挺拔，亭亭玉立，

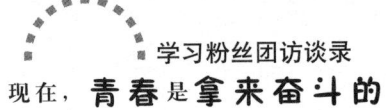

现在，青春是拿来奋斗的

迎着我们微笑。

"周佳琪！"张蕊蕊惊呼了起来！

"她跳得那么好……"沈敏佳一脸惊讶，而后怅然若失。

她们两个的反应，已经是之前的问题最好的答案。

"我现在可以回答你们的问题了。"我说，"勇气和实力确实缺一不可。若你只会表达，没有实力也是不行的。"

"你们大概不知道，周佳琪也是从小练芭蕾的。十二年来，每天她妈妈在晚自习前接她出去，就是去附近的练功房，风雨无阻，从未间断。去年，她还参加了英国皇家芭蕾舞团的考级课程，成绩优秀。"

"啊！"张蕊蕊和沈敏佳都张大了嘴巴。

"周佳琪没有说，不代表她没有实力；你们不知道，不代表别人就没有。不要小看任何一个人。"

"她隐藏得那么好！"张蕊蕊不忿。

"隐藏？呵呵，你也可以理解那是低调。蕊蕊，能说出来的实力不是最重要的实力，没有说出来的，才是真正的王牌。梦想可以说，实力只靠做。"

沈敏佳和张蕊蕊凝神。

"蕊蕊，你练舞已经是小时候的事情了，有功底，但是长时间没有练了，现在拿起来恐怕是有差距的。而敏佳，你也知道自己在合唱团唱得就不是最好的。之前有个王妤涵在你前面，现在王妤涵虽然退出了，但是就舞台表演而言，周佳琪的舞蹈肯定会给她打高分。"

沈敏佳微微点了点头，不吭声。

"老师，你既然早知道周佳琪跳舞那么好，为什么还要我们去报名啊！"张蕊蕊似乎有些委屈。

"你后悔了？"

"我不后悔！"沈敏佳插话道，"我试过了，我也努力过了。我这两个周末都在外面练歌，只不过，周佳琪确实优秀，我心服口服。

"敏佳说得对，你们不是没有实力，只不过还需要更加锤炼自己。音乐剧只是一个小舞台，在你人生未来的大舞台上，要敢于去梦想，敢于去抓住梦想，还要敢于去挑战自己，锤炼自己。"

"就算是天上真的掉个馅饼下来，你也要有个足够大的碗才能接住。"

学习 青春正能量

梦想，快到我碗里来！

套用一句流行语，90后青少年的追梦可以这么表达。

"青少年要勇于追梦、勤于追梦。"

做梦容易追梦难。

难就难在这个"勤于追梦"上面。

什么是"勤"？——刻苦，努力，拼搏。

我们的梦想很高，很远，很美妙。

我们拼命向上张望，却忘了脚下的土地。

我们往往只看到某些成功人士今日的成就，艳羡那聚光灯下的风光，却不去想他们背后付出了多少。

周佳琪为了练舞每天奔波，多少次扭伤也从未放弃。

"我们只看到马云的成功，却不知道马云曾经一天工作二十个小时。我们只知道马云很有钱，却不知马云曾经吃了九个月的泡面。"

"学习是成长进步的阶梯，实践是提高本领的途径。青年人正处于学习的黄金时期，应该把学习作为首要任务，作为一种责任、一种精神追求、一种生活方式，树立梦想从学习开始、事业靠本领成就的观念，让勤奋学习成为青春远航的动力，让增长本领成为青春搏击的能量。"

大家都会唱"不经历风雨怎么见彩虹，没有人能随随便便成功"。

还记得前一句吗？

"把握生命里的每一分钟，全力以赴我们心中的梦。"

青春的力量，就是梦想的分量。

你的本领和实力，就是通往梦想之门的垫脚石。

青春不只是秀美的发辫和花色的衣裙，在青春的世界里，沙粒要变成珍珠，石头要化做黄金；青春的所有者，也不能总在高山麓、溪水旁谈情话、看流云；青春的魅力应当叫枯枝长出鲜果，沙漠布满森林；大胆的想望、不倦的思索、一往直前的行进，这才是青春的美，青春的欢乐，青春的本分！

——诗人　郭小川

　　"艾滋病本身并不可怕，可怕的是对艾滋病的无知和偏见，以及对艾滋病患者的歧视。"

　　"艾滋病感染者和病人都是我们的兄弟姐妹，全社会都要用爱心照亮他们的生活。"

——习近平（在参加世界艾滋病日活动，到社区看望艾滋病患者时的讲话，

2012 年 11 月 30 日）

NO.**15**

全社会都要用爱心照亮他们的生活

爱心公益论

"全社会都要用爱心照亮他们的生活。"

2012年11月30日，习近平来到北京市丰台区蒲黄榆社区卫生服务中心参加世界艾滋病日活动，同艾滋病感染者亲切握手、交谈，作出上述表示。

爱心就是善意，是高尚的品格和高尚的人性。

在2013年的"五四"讲话中，习近平也提到：

"广大青年一定要锤炼高尚品格。中国特色社会主义是物质文明和精神文明全面发展的社会主义。一个没有精神力量的民族难以自立自强，一项没有文化支撑的事业难以持续长久。青年是引风气之先的社会力量。一个民族的文明素养很大程度上体现在青年一代的道德水准和精神风貌上。"

··········做公益，就是在传递正能量和爱···········

"爱心公益不是自上而下的行为，而应该是一种你帮我我帮你的互助。我觉得，与其说是我们在'献爱心'，倒不如说我们在传递人和人之间的善意。我们在做公益，其实我们在传递正能量。"

穿名牌不能去献爱心？

"这个月的爱心公益行定在下周三，我们要去一个农民工子弟学校！"

周五的班会上，班长宋天翔宣布道："所以，大家周末回去准备一下，看看家里有什么旧书、字典、小说，都行。周一上课带来，咱们统一整理带去送给他们。"

"我带个篮球去！"赵大元率先开口，"班长，你别老是读书读书，要多运动运动嘛！"

宋天翔微微一笑，说："大元的这个提议好，听说他们那边有个大操场，咱们带点篮球、羽毛球拍、跳绳什么的过去，也能一起玩。"

"对！大元你可以秀一下你的急停跳投哦！"张蕊蕊欢快地笑着说。

"女生可以比赛踢毽子，我们带几个毽子去！"沈敏佳也出主意道。

……

大家你一嘴我一句，讨论得很热烈。

"我们，是不是应该穿得朴素点？旧一点？"教室的后方，传过来周佳琪的声音。

"为什么啊？"张蕊蕊马上问。

"他们不是家里都挺穷的嘛，我想我们要是穿得太好了，会不会不太好？"宋天翔的眼神一闪。

"不至于吧！"赵大元的大嗓门不以为然，"穿什么衣服都会刺激到人吗？太敏感了吧！"

"不是人家太敏感，是你太迟钝！"周佳琪对他从不留面子。

"那是你自己本身有问题，你本身就觉得自己高人一等似的！"赵大元嚷嚷了起来。

"我觉得佳琪说得对！"沈敏佳插话道，"就算人家不敏感，但我们自己注意点总是好的，别和他们显得太不一样了。"

"这有什么！"赵大元不高兴地嘟囔着。

"你是怕不能穿你那双新款的阿迪篮球鞋了吧！"周佳琪牙尖嘴利。

"你说什么！"赵大元跳了起来，"才不是呢！我是觉得想得太多了，他们反而会感觉不舒服！"

"哪里不舒服？我看就是你自己不舒服！"

"你！"

……

"穿校服吧！"眼看他们已经吵了起来，宋天翔当机立断，一声令下，"虽然咱们是外出，但是穿校服挺好的，统一，你们俩也不用吵了。"

这个中和的主意，果然让周佳琪和赵大元都没话说了。

给予，永远比得到更快乐

七天后，周三。

农民工子弟学校的操场上。

赵大元的篮球技巧果然吸引了一群男孩跟在他的后面，打起了比赛。

虽然这个所谓的"操场"只是块泥巴地，那个不知道风吹日晒了多久的篮球架的篮筐歪歪斜斜，还破了一个洞，但是孩子们你争我抢，热情比起赵大元他们平时的表现不逊半分。

没有哨响，只听得一声"停"，就算是时间到了。

孩子们虽然满头大汗，却是恋恋不舍，赵大元和宋天翔那些男生们被围住了。

"你什么时候再来啊？"一个穿着蓝色跨栏背心的小男生问道。

"等你们期中考试考完了！咱们再来打！"赵大元不假思索地回答道。

"说好了啊！"小男生有些不确信地看着赵大元。

"说好了！"赵大元举起手，要和小男生击掌，算作"盟誓"。

似乎有些羞报，小男生不好意思地笑笑，犹豫了一下，才把手伸了过去。

"啪！"两只手在空中击中，发出了清脆的声音。

回来的路上，赵大元意犹未尽。

"老师！"他还是一副兴奋的样子，"我觉得今天真不错！去得值！我们去陪他们玩，他们多开心！"

"我刚刚教女生跳舞来着！她们可聪明了，一学就会！"周佳琪说道。

"是啊！我们和几个六年级的女生在一起，她们说上星期刚学的一首歌，还会边唱边打手语！"沈敏佳和张蕊蕊说道。

"有个男生会打武术，刚刚给我们表演了一套拳呢！"

……

大家你一言我一语，全都是兴奋的样子。

给予，永远比得到更快乐。

爱心到底需不需要"保护"？

"你们之前去过农民工子弟学校吗？"我问。

"没有，"周佳琪摇头，"但是我去过希望小学，还有山沟里的小学，特别破，特别糟糕，全是破破烂烂的感觉。本来我以为这个农民工子弟学校，也差不多吧，好不到哪里去……"

"你就像以前外国人看中国人，还以为是长袍马褂长辫子呢！"还没等周佳琪说完，赵大元就迫不及待地开始笑话她。

"呵呵。"我打断了赵大元，问道："确实让我们感觉还可以吗，从校舍到学生？"

"是啊！比我们想象的好多啦！"张蕊蕊立刻接话。

"我看到还有间共青团援建的爱心教室，里面还有钢琴！"

"学校比我们想象的要好，孩子们也比我原来想象的要开朗，活泼。"

对这所看起来"不错"的农民工子弟学校，大家很是肯定。

"只可惜，他们以后没什么上大学的可能。"沈敏佳叹了口气。

"家里没钱，有个男生对我说他以后肯定不会上高中，要么上技校，要么直接帮父母干活了。"张蕊蕊补充道。

"嗯，那个唱歌的小女孩也说，她们家是卖盒饭的，现在每天放学后就帮妈妈摆摊，读完初中就肯定不念了。她还会弹钢琴呢，说是来这里做义工的老师教的。"

周佳琪的脸上也不无黯然。

一时间，气氛有些凝固。

"我觉得他们生活在他们的世界里，也挺好的。"一直没说话的肖夏打破了沉默。

"有什么好啊?!"

"你不觉得他们挺快乐的吗？连刚才放学打扫卫生，那么小的孩子举起扫把去扫操场，都欢快得很。他们把这里看做是他们的地盘。"肖夏毫不迟疑。

"快乐有什么用？上不了大学，以后就只能做点初级的工作，还是走他们父母的老路，他们就真的永远活在他们的世界里了！"周佳琪说得有些尖刻。

"那样也没什么不好。"宋天翔也插话进来，说，"子非鱼安知鱼之乐。你为什么非要觉得把他们生拉硬拽到和你一样的道路上就好呢？你被高考压得还喘得过气来吗？"

"说到底，你是看不起工人和农民！"赵大元帮男生组出头，又顶了周佳琪一句。

"那你们说，到底是这样单独的子弟学校好呢？还是像有些区，把学生分流到公立学校去好呢？"我打断了争执，问他们。

肖夏答道："我倒是觉得他们现在这样挺好，要是到公立学校去，他们会不会有了对比觉得心里就难受？"

"那赵大元还说穿什么无所谓呢！"周佳琪还没忘记课堂上的那段争执。

"我觉得他们应该分流到公立学校去，这样他们才能融入外面的社会！"张蕊蕊认真地说，"现在他们的父母都是差不多的职业，以后他们也要走父母那条老路，他们就出不来了！"

"融入没那么简单！"肖夏摇头，"小一点的孩子可能还好，大一点的孩子，要融入，就难了。他们会被同学看不起的。那就连现在脸上的笑容都没有了。"

"要是他们就是觉得这是他们的世界，他们的人生道路，也挺好的。要是给他们不切实际的希望和追求，反而会让他们心里难受。"宋天翔慢慢地说。

"那不就是他们连有梦想的机会都被剥夺了?!"周佳琪反唇相讥。

宋天翔语气一滞，似乎想说什么，但是没有说出来。

"有人注意到你的鞋子吗？"我问赵大元。

大家都是一愣，不知道我为什么突然问这个问题。

赵大元也是一愣，低头看看自己已经沾上土的新鞋，一边心疼地赶紧用手去擦，一边回答道，"有。那个穿蓝背心的男孩就问了，他说我这鞋好看。我看得出，他很喜欢。"

"我就说让你别穿吧！"周佳琪不放过任何争辩的机会。

"那有什么？"赵大元反驳道，"我还觉得，他要是喜欢，正好激励他去努力，以后能自己买啊。"

"切！"周佳琪不屑，"你是自己努力买的吗？还不是你爸妈给你买的？"

"那我也是期中考试考了三门A，我爸妈才答应给我买的！那也是我自己的努力！"赵大元涨红了脸。

"那是不是他也得先看到有这样漂亮的鞋子，才会心生向往呢？"我问。

听我的意思仿佛是站在了女生组那一边，肖夏着急了："老师！我们不是说不让他们看到外面的世界，只是说想尽量保护他们不受外面的干扰。他们要是到公立学校，肯定会不适应的。"

"可是你不能这样'保护'他们一辈子。"我看着肖夏，说，"就像周佳琪总是纠结赵大元的新球鞋，她也是为了'保护'孩子们敏感的自尊心。是，赵大元今天是可以不穿，但是意义大吗？孩子们可以一直这样被'保护'下去吗？"

"其实我也很纠结，感觉他们现在挺开心的，又觉得他们应该上大学会有更好的前程。我不知道了，也许到底什么是好，不能以我们自己的标准来衡量，而要看他们自己的意愿吧。"宋天翔微微皱起了眉头，缓缓地说道。

这确实是个纠结的问题。

爱心不是自上而下的给予

我想了想，说："第一，我并不觉得'走父母的老路'有什么不好不堪的地方。农民工？春节的时候你连早饭都吃不上就不这么说了。要是你们现在都怀有这样的偏见，那么他们确实只能地位低下。第二，要是他们愿意，他们可以靠自己的努力买新球鞋。条条大路通罗马，虽然可以预见他们走在成功路上要付出的努力和艰辛比你们多得多，可是成功从来不会拒绝一个坚持到底的人。"

"那就是应该让他们自己选择吧！"宋天翔推了推眼镜。

现在，**青春**是**拿来奋斗的**

"这样吧，你们先说说，咱们今天是来做什么的？目的是什么？"我问所有人。

"来做爱心公益啊。"周佳琪立刻回答。

"来看他们，陪他们玩，送点文具给他们。"赵大元也不假思索。

"嗯，我刚刚也一直在想这个问题，我们是打着'爱心公益行'的名义来的。和周佳琪说的一样，我们的潜意识里就是来'献爱心'的。有了这个'献'字，我们确实有点高人一等的心态。这样的心态，不对。"

周佳琪疑惑地看着我。

"帮助别人，不一定要授人以鱼，也不一定要授人以渔。赵大元刚刚说'陪他们玩'我觉得说得很好，最基本的欢乐，你们在交流中激发出他们积极向上的心态，难道不是很有意义，很重要的吗？"

"那我们到底帮助他们什么了？"

"是啊，我们帮助他们什么了？送几本书几个篮球几个新书包？这叫帮助，但是还不够。我觉得帮助应该是给予他们最匮缺的。也许他们也缺几个篮球缺几个新书包，可是他们最缺的就是父母的陪伴，缺少外界的人来陪他们玩，让他们看到外面的世界。"

"我们来了，本身就是很好。"宋天翔说。

"我们来了，他们看到了我们，我们也看到了他们。你们今天用半天的时间，也看到了很多以前不知道的事情，是不是？你们是不是也被他们的热情所打动了？"

"嗯！"赵大元点头："我说了，很值！"

　　"爱心公益不是自上而下的行为，而应该是一种你帮我我帮你的互助。我觉得，与其说是我们在'献爱心'，倒不如说我们在传递人和人之间的善意。我们在做公益，其实我们在传递正能量。"

学习 青春正能量

　　农民工子弟学校何去何从，不是我们要讨论的问题；这些孩子们到底选择怎样的人生，也不是我们可以帮助他们选择和决定的。

　　纪录下这个故事，我只是想纪录下同学们关于"帮助"和"献爱心"的疑惑。

　　什么是帮助？

　　帮助别人他不能达到的，他想要达到的，而并非你想要他达到的。

　　我们在做爱心公益的时候，往往有这样的误区：用自己的想法来要求、强加给他人。

　　献爱心不是自娱自乐，不是因为他需要帮助，不是因为他相对于你来说在某些方面是弱势，你就可以不尊重他的想法、他的世界。

　　什么是献爱心？

　　献爱心不是居高临下地给予，而是平等地握手，是一种善意的帮助。也许今天你是捐助方，明天你有了困难，你就会成为被捐助方。

　　"全社会都要用爱心照亮他们的生活。"

　　这样的涓涓细流，就是在社会中间流动的正能量和爱。

　　"广大青年要有敢为人先的锐气，勇于解放思想、与时俱进，敢于上下求索、开拓进取，树立在继承前人的基础上超越前人的雄心壮志，'以青春之我……，创建青春之国家，青春之民族'。"

——习近平（《在同各界优秀青年代表座谈时的讲话》，2013 年 5 月 4 日）

要有敢为人先的锐气

青春锐气论

"广大青年要有敢为人先的锐气……要有逢山开路、遇河架桥的意志，为了创新创造而百折不挠、勇往直前。要有探索真知、求真务实的态度，在立足本职的创新创造中不断积累经验、取得成果。"

青春没有锐气，梦想就是空想。

2013年5月2日，习近平给北京大学考古文博学院2009级本科团支部全体同学的回信中，肯定他们立志为实现中华民族伟大复兴的中国梦而奋斗的理想和追求，勉励当代青年珍惜韶华、奋发有为，勇做走在时代前面的奋进者、开拓者、奉献者。

···········青春的梦想需要勇气···········

"值得！说'牺牲'好像是太大了，我的意思是，我愿意付出。哪里有做事不付出的呢？干活累是付出，流汗是付出，若是有什么人为难我们，那么流泪受委屈也是付出！"这是她在青春期愿意为之奋斗与付出的勇气和成长的代价。

做点吃苦的事

从农民工子弟学校回来的第二天，我就迎来了一个不速之客。

"老师！"办公室的门口传来了一声脆脆的声音。

一个个子不高、身量纤细、扎着马尾辫的女孩站在了我的面前。她的头发有着微微的自来卷，眼睛大大的，眉毛也有着天然美丽的弯度，像是新疆姑娘一样，好像带了墨汁的黑色，把眼神衬托的更加明亮。

我认识她，高二（二）班的孙晓佳。

孙晓佳不是班干部，平时和我的交集很少，除了她在学校舞蹈团的表演，我想不出她还有什么事情来找我。

现在，**青春**是**拿来奋斗的**

正在疑惑，孙晓佳就笑盈盈地开口了："老师，我听说您昨天带三班去了一个农民工子弟学校？"

"是啊，"我一边答应，一边补充道，"这个爱心公益行是个长期的计划，每个班级都要去的，不同地方，服务不同的人群，你不要着急。"

我以为，她是来问她们班什么时候去。

"我不是问这个，"孙晓佳轻轻地摇头，她带着甜美的笑容，说，"老师，我想做点事。您看看行不行？"

这是句套话，到我这里来"寻求支持"的学生中，她不是第一个，也不会是最后一个。

"做点事"这样的说法并不让我感到惊讶。

"你想做什么？"

"我想做点吃苦的事。"

这句话倒让我有些吃惊。

"噢？"

"我觉得做爱心公益很好，可是现在同学们捐出去的，要么是旧东西，要么是问家长要钱买东西。我想，我们可以自己挣点钱。"

自己挣钱？

"打工吗？你们不是大学生，还没满十八岁呢。"

"不是打工。我想卖废品。"

"嗯？"

"老师，你看学校里每天我们要喝好多矿泉水，要扔掉好多矿泉水瓶子和易拉罐。还有那些老师办公楼里扔出来的废作业本、废试卷和废报纸，现在都是白白地扔掉了。要是我们去收，然后拿到废品回收站卖了，把这些钱捐给爱心公益我们要服务的对象，多好！"

"这是我们自己挣来的钱！而且，又帮学校收拾了垃圾！"她的眼神热切，充满了期盼，"这是我刚想到的，真心觉得可以做，我很想做！"

确实是个很棒的主意！

光是"要我们自己挣钱去帮助别人，而不是伸手问家长要钱"这一点，就已经让我对她很是赞赏！

从"组织爱心公益行"，到不断地有同学开始有想法、有建议，到现在孙晓佳提出要"自己挣钱"，这完全就是一个从被动到自觉的转变！

这样的转变，让我们的爱心公益行变得更加有意义，有力量！

理想和实践的距离

不过，想法和实践是有距离的。

"你说收废品去卖钱，其实就是收垃圾，还得从垃圾桶里往外掏，有同学愿意做吗？那么脏，还累，甚至，会有同学笑话你？"

这是个切实的问题。

"我们是为了献爱心啊，脏一点累一点有什么！"她很认真。

"你不怕脏不怕累，不代表别人也不怕，你问过其他同学吗？"

"我问过我们班的几个人，包括女生，他们都愿意！"

孙晓佳的双眸晶晶亮，她的热情，不亚于任天辰。

可是，不知道这样的热情能不能穿透那些隐秘的阻碍？

学校就是个小社会，也有阴暗面。

我欣赏她的想法，却不得不给她泼冷水。

"那，你想过其他的问题吗？除了吃苦受累之外？"

她不明所以："什么？"

"你说大家都愿意做，但是能不能做，学校会不会同意让你做，你考虑过吗？"

她瞪大了眼睛，更加不明所以："为什么不让我做啊，这是好事啊！"

是的，她不明白，很多好事之所以不能做，那是因为对你好他好，但是不对"我"好。

因为会触及其他人的利益，那些有着相同"利益点"的人，怎么肯让步？怎么肯把自己的"利益"拱手让出？

我不想在一个十几岁的孩子心里一下子投放太多的负面的东西，只好慢慢地"提示"她。

我说："是，你说的是好事。这事情本身没有问题。问题是，你要做这件事情，等于在'拿'公共的资源帮你自己获利，那么别人怎么肯？"

她的眉心一蹙："怎么是我'拿'公共的资源呢？那本来就是公共的啊。"

"是，正因为那是公共的，所以也不是属于你个人的。你应该知道，学校的这些所谓废品一直是由后勤处处理的，卖不卖钱我们不知道。但是要是让你们几个学生每天去掏垃圾，恐怕，有些困难吧。"

看她一派天真，我只好把话挑明了说。虽然这样的说辞让我也觉得无奈，但现实确实总让人无奈。

"可，可我也不是拿来为自己谋利益啊，我也是做公益，是为了帮助他人

啊。"孙晓佳似乎有点听明白了，但也觉得自己理直气壮。

"别人会觉得你拿公共的利益来让你自己获得名利的，知道吗？"这话，已经说得不能再赤裸裸了。

她的眉心蹙地收紧，疑惑、怨愤、纠结……几种眼神同时在眼睛里交错。

"我不在乎别人怎么说我！"最后，她重重地说出了这样一句，倔犟和坚定是她最后出现的眼神。

必须要知道有阻碍

我试图"劝"她："孙晓佳，你可知道，就算你不在乎别人怎么说，但是，若是别人觉得你'抢'了他的资源，'夺'了他的利益，他们会怎么对你！"

在学校，学生终归是弱势群体。这也是不可言说的隐秘。

她咬着嘴唇争辩："那些东西放在那里也是放着，不是浪费吗?!我不用，别人也不会用啊！"

"你可以不用，别人也不会用。但是你用了，别人就觉得你'侵犯'了他的利益。你别说我小人之心，这是人性的劣根性——自私，占有。"我看着她，"事实上，因为你不是第一个提出这个想法的人，以前也有人，但是因为此，失败了。"

"他们为什么这样?!是帮别人，又不是帮我自己！"她几乎叫嚷了起来。

为什么这样，这个问题太复杂，我也无法回答。

我只好说："我也很难解释，也许把一切归结到人性本身就是一种不负责任；可是，我想对你负责任，所以，要是你真心想做，我想让你选择策略一点儿。"

"策略一点儿？"

"或者，你可以先在外面做，然后再回学校做。这样，你有了一定的积累，也许学校就能网开一面呢?"

她想了想,摇头:"不行,到外面做很困难,难道放学后大家拿着垃圾袋去街上的垃圾桶捡?再带回家?更主要的是,我本来就是想不要浪费这里的资源,天天看着这些东西白白地扔在这里,我都心疼。要是不在学校做,那就不是我原来的意思了!"

我无声地叹息:"你真是倔丫头。"

她圆圆的眼睛一笑:"我是挺倔的!我就是想做!"

我继续苦口婆心:"孙晓佳,你太固执了,凡事都有变通的方法。我已经和你说过,前面有人做过,失败了。而且,我也和你提了另外一条路,你为什么就一定要按照你的想法做呢?"

"有人失败了未必代表我也会失败!"

"要是你失败了怎样?"

"失败了就失败了,至少我也试过了!"她的口气无比坚定。

我有些生气了:"你这么说有些任性了。是,你可以失败,但是你做这件事情是一个团队,还有其他人。你凭什么让其他那些有热情的同学和你一起失败?就因为你事先没考虑清楚?"

她也激动了起来:"我觉得我想好了,我觉得老师你说的那些太复杂了,也许根本不存在!"

"是,你可以说我太小人之心,可以说我们大人太没追求,但是我想告诉你,任何事情的成功都不可能单凭一方面的努力,也不可能单凭事情本身的优劣。你家种的桔子再甜,你不做广告、不拉出去卖又有谁知道?不给你地方摆个摊位,你又怎么卖得出去?"

我从来不想给这些孩子的梦想设置阻碍，但是我必须要让他们知道有阻碍。

在看见日出前期待光明是自然而然的，在黎明前最黑暗的时候还能期待光明，才是真正坚定的信心和追求。

用青春的勇气在黑暗中追求光明

她顿了顿，说："可是我不能没有试过就放弃啊！"

"你有没有想过，你要做会承受压力，甚至打击？你有没有这个心理准备去承受？甚至，你有没有足够的能力去帮你的团队来应对这些？"

我把最后一颗"重磅炸弹"抛给了她，看着她的神情在短短的几秒钟内变幻莫测。

"我愿意牺牲，我相信我的团队也会愿意牺牲。如果，如果有任何不好的事情要让我承受的话。"她点着头，回答得毫不犹豫，无比坚定。

"我愿意牺牲。"她又重复了一遍，目光诚恳真挚。

我被这句话震撼了。

在她说出这句话之前，这个十几岁的女孩在我心里只是个普通的姑娘，但是现在这一刻，我深深感受到了她身上所拥有的巨大力量。

为了这句话，我愣了 0.03 秒："你愿意牺牲？晓佳，不要赌气，不要意气！"

我担心，这个倔犟的女孩是太过自信，也有着十几岁固有的意气。

"我不是，老师。"她似乎平静了下来，摇着头否认，"我不是赌气才这么说的。"

"那为什么你明明知道会有'伤害'还要去做呢？这不是明知山有虎偏向虎山行吗？我们为什么不可以转圜一点？你不卖废品，还可以为公益活动做其他的事情啊，一样是献爱心？为什么这么坚持？"

"老师，不是我不懂得拐弯，也不是我喜欢让自己受伤。可这是我能想到的唯一能自己挣钱献爱心的方法了。我知道，做服务和旧东西一样能帮助人，可是现在社会上还是钱能发挥更大的作用吧！"

"所以你愿意'牺牲'？"
"我觉得没什么，我个人愿意承担后果。"
"你现在说说容易，事到临头了会懊悔的。"
"按照您今天说的，我做好最坏的打算，就不会懊悔！"

"为了做一个爱心公益的活动，你真觉得值得？"
"值得！说'牺牲'好像是太大了，我的意思是，我愿意付出。哪里有做事不付出的呢？干活累是付出，流汗是付出，若是有什么人为难我们，那么流泪受委屈也是付出！"

如此流畅和有逻辑的回答，让我相信这不是一句随便说说的意气话，也不是一个倔犟的姑娘的赌气。
这是她在青春期愿意为之奋斗与付出的勇气和成长的代价。
就和宋天翔的哭泣一样，那不是伤痛，那是让内心逐渐变得更强大的台阶。

于是我笑了："说'牺牲'确实太大了点儿，还是说付出吧。就当是你成长的代价吧。"
她目不转睛。
我说："我说这些，无非是想让你明白，一件事情的背后还有很多值得探究和思考的东西。追求梦想是好的，但是不能就什么其他的都看不到了；同时，付出是可以的，但是要衡量代价，还要懂得迂回政策，何苦一定要硬顶着上，撞个头破血流？"

"说'牺牲'是表明态度，至于做事的智慧，你应该还是有的？"
她弯弯的眉毛如同新月。

学习 青春正能量

"愿意牺牲！"这句话至今还激荡在我的耳边。

这句话所传递出来的坚定和勇气，也至今还在我的心里震荡。

肯为了自己的梦想去奋斗，甚至牺牲，还有多少人能够做到？

甚至，不知道从什么时候起，我们甚至不知道把我们的梦想藏到了哪个角度？丢在了哪个转弯处？

不是白日里闭眼，不是坐在苹果树下，就可以实现梦想。

很多时候，说起梦想，我们往往在哀叹现实，说是现实让我们黯淡了曾经明亮的双眼。我们从来不敢自问，究竟我们肯为了、曾为了梦想付出过多少？

成功需要付出代价众所周知，可是莫要说"牺牲"，恐怕只会嘴上说梦想，实际慵懒的我们连一顿烛光晚餐的时间，一件买新衣的钱，都不肯舍弃。

不要怪上天不够眷恋，不要怪幸运之门总对他人敞开，因为你早已在梦想和平凡之间做了选择。

也许会有人说，平凡也是福。

是，我也承认这一点，但是我很想拿孙晓佳最后说的话来回应这一点。

她笑意盈盈："我也知道，有人肯做，有人不肯做。没关系，我只知道我肯做，我身边的那些朋友也肯做，因为我们都有一颗不安分的心。"

"广大青年要有敢为人先的锐气，勇于解放思想、与时俱进，敢于上下求索、开拓进取，树立在继承前人的基础上超越前人的雄心壮志，'以青春之我……，创建青春之国家，青春之民族'。"

怀着梦想的心，永远不肯平静。

也唯有肯付出牺牲的心，才能放飞梦想。

以青春之我，创造青春之家庭，青春之国家，青春之民族，青春之人类，青春之地球，青春之宇宙，资以乐其无涯之生。

——无产阶级革命家　李大钊

　　"要牢记'从善如登，从恶如崩'的道理，始终保持积极的人生态度、良好的道德品质、健康的生活情趣。要倡导社会文明新风，带头学雷锋，积极参加志愿服务，主动承担社会责任，热诚关爱他人，多做扶贫济困、扶弱助残的实事好事，以实际行动促进社会进步。"

——习近平（《在同各界优秀青年代表座谈时的讲话》，2013 年 5 月 4 日）

要牢记"从善如登，从恶如崩"的道理

爱心幸福感

"要做到情为民所系，就要以党的先进人物为榜样，培养和增强对人民群众的深厚感情，学习和树立五种崇高的情感。一要学习邓小平同志的情怀感。他说：'我是中国人民的儿子，我深情地爱着我的祖国和人民。'二要学习雷锋同志的幸福感。他虽然只活了22年，但他说：'什么是幸福？为人民服务是最大的幸福。'……"

在2013年的"五四"讲话中，习近平提到："在革命战争年代，广大青年满怀革命理想，为争取民族独立、人民解放冲锋陷阵、抛洒热血。在社会主义革命和建设时期，广大青年响应党的号召，向困难进军，向荒原进军，保卫祖国，建设祖国，在新中国的广阔天地忘我劳动、艰苦创业。在改革开放历史新时期，广大青年发出团结起来、振兴中华的时代强音，为祖国繁荣富强开拓奋进、锐意创新。在最近的芦山抗震救灾中，大批青年临危不惧、顽强拼搏，广大青年心系灾区、无私奉献，为抗震救灾作出了重要贡献。"

社会责任感和奉献精神，就是青春的幸福。

⋯⋯⋯⋯青春奉献传递幸福感⋯⋯⋯⋯

"爱心不是作秀，发自内心地去帮助他人，去奉献，才是一种真正的爱心力量。你帮助了别人，会有一种幸福感。"

戴着有色眼镜看时髦男生

"肖夏！"赵大元人还没进教室，走廊上就传来了他的大嗓门。

正在埋头赶作业的肖夏抬起头来，推了推眼镜，疑惑地看着满头大汗冲进来的赵大元。

"告诉你个好消息！"赵大元居然神秘地一笑，胖胖的脸上一脸诡异，"二班的孙晓佳你知道吧？她现在筹备成立了一个做爱心公益的社团！"

"噢。"肖夏本来和孙晓佳就不太认识，这个爱心公益也不是新鲜事，他就随便地应了一声。

见他没有自己预期的反应，赵大元着急了，只好不卖关子："你知道他们做什么吗？他们捡垃圾！"

现在，青春是拿来奋斗的

这倒有点新鲜了。

肖夏终于有了点反应："捡垃圾？"

"对！"见他有了疑问，赵大元找到了侃侃而谈的对象，吧嗒吧嗒，一股脑把自己打听来的关于"捡垃圾卖废品捐款"的"新闻"，都抖了出来。

"他们现在到处拉人，你去不去？"最后，赵大元问道。

"我想想吧。"

"我就知道你不会去！你那么爱干净！头发每天都要捯饬半个小时的人，怎么会去捡垃圾！"赵大元嘟嘟囔囔。

是啊，肖夏是个认真学习的男生，也是个打扮时髦的"韩版"男生。据说每天早上捯饬头发就得半个小时，用发蜡使劲扒拉头发，让头发一根根竖起来，锃亮。

是不是这样的原因，也会是孙晓佳面临的阻碍之一呢？

两天后，爱心公益行，敬老院。

这是一次常规去敬老院的慰问活动，给爷爷奶奶们的文艺表演结束了之后，同学们就陪着爷爷奶奶们回房间聊天。

敬老院不大也不小，同学们都陪着爷爷奶奶去了不同的房间，我在来回串门地巡看，给大家拍照。

快到走廊的尽头时，老远就听到一个老奶奶大声地嚷嚷："孩子，你下来。别弄了！"

推门一看，正是肖夏。他站在椅子上，拿着撑衣杆在弄一个屋顶角落的蜘蛛网。老奶奶在橱柜的上面铺了报纸，撑衣杆一碰，灰尘就洋洋洒洒地飘落，正好落在他的头顶。早上打的发蜡是个截留灰尘的好地方，全部都粘在了头上，发梢处明显就有了一层灰色，脸上也变得灰扑扑的。

我心里一愣："他怎么会去打扫卫生？这个注重外表的男生？"

其实每次去敬老院，我们一般都不会安排打扫卫生这样的环节，一则我们去的那个敬老院条件尚好并没有这个需要，二则现在敬老院经常"被打扫"，我们就不去再凑这个热闹了。

老人们喜欢孩子，喜欢有人和他们聊天，陪伴，就是最好的慰问。

正愣神的时候，肖夏已经弄完下来了，拍拍手上的灰，拿起扫帚和簸箕，利索地收拾了地上的垃圾，一气呵成。

老奶奶笑容可掬，忙拿出了几个桔子："孩子，快来，吃桔子。"

他接过老奶奶的桔子，剥开来，递过去一半和老人家一起吃。

老奶奶大约是激动了，一瓣桔子下去有些呛着了，咳嗽着。他赶紧帮奶奶捶背，桔子瓣呛了出来。这时，他把手放在了老奶奶的嘴边，接住了那瓣呛出来的桔子。动作流畅自然，没有丝毫的生硬，仿佛做惯了一般。

我当时真的愣住了！

我不得不承认，我是带着有色眼镜看他的，觉得这样一个时髦讲究的男生，怎么会用手去接一个老奶奶嘴里吐出来的桔子瓣呢？

又有多少个孩子，能去接哪怕自己亲奶奶吐出来的桔子瓣？

这一刻，我想，赵大元在教室里的那个疑问，已经不是问题了。

新时代的"以貌取人"

当肖夏从老奶奶的屋子里出来的时候，我忍不住对他说了自己心里的震惊："我当时看着，觉得真不是你能做得出来的。"

现在，**青春是拿来奋斗的**

他一脸自若："老师，你想多了。"

接着他反问道："难道我平时穿得好点儿就不能打扫卫生了？人家雷锋还穿过皮夹克呢！"

说这句话的时候，他的眼睛里满是笑意，好像在嗤笑我的"不入世"。

我也笑了："呵呵，你说得有道理。"

他说："我上初中的时候，特别爱穿那种全是兜、裆很低的裤子，被我们班主任几次赶回家去换衣服。还在家长会的时候向我妈告状，说我奇装异服，不守校规校纪。"

"然后呢？"

"嘿，我妈可棒了。她和老师说：'这是他的个人喜好，也不犯法，我们不管。'"他的口气里，全是骄傲和自豪。

有"这样"的家长，确实让我刮目相看。

"呵呵，你们班主任气坏了吧？"

"嗯，不过我不是故意气她的，只是我觉得这穿衣服和守不守纪律有什么关系呢。"

我向他解释："学校呢，希望大家穿得都普通一些，这样同学之间一则不要攀比，二则不要浪费太多的时间和精力在服装上。"

他反驳："现在都是追求个性的年代了！"

我想了想，说："不如这么说，你们现在喜欢的那些明星都这么穿，所以你们跟风。这和当年都穿中山装没什么两样，只不过，大家追的"星"不同而已嘛。"

他眼睛一亮："对！就是这个意思！"

他继续说："在我们看来，评价标准和以前早就不一样了。"

"噢？"

"从幼儿园开始，老师教给我们的是这样的：好人长着好人脸，正气凛然，聪明机智；坏人肥头大耳，满肚坏水，还愚不可及。要做好事，就是自己只有一件棉袄宁可给别人自己冻着；要做个好孩子，唯一的标准就是听话，哪怕是听错的话。"

我乐了："你说得太极端了吧。"

他的嘴一撇："才不是。老师你不就是觉得我爱打扮，所以肯定嫌脏怕累嘛！"

我不好意思了，歉疚地笑笑。

他说："我们现在的标准是，不是看他长什么样穿什么，当然你得干净利索点儿，而是看他做了什么。不是开名车的都是花花公子，也不是穿校服的从来不偷鸡摸狗。"

"呵呵，你这话虽然有些粗糙，但着实还有些道理。"

"就是嘛，我们从小不是被教育不要'以貌取人'么，结果呢？穿得不好吧被人看不起，穿得好点吧也被人说。可现在恰恰富豪都是低调隐形的，坏人还可能一脸淳朴老实的样子。"

我被他的话扑哧逗乐了。

善意无法伪饰，爱心不是作秀

他幽幽地感叹道："所以说，你们这些大人啊……"

我赞赏道："你说得对，也正因为大家总是'以貌取人'，所以才教育你们不要这样嘛。"

他似乎说得来了劲头儿："还有的人说，看看你们脚上的一双鞋，就能够一个山区孩子一年的学费了。我特别反感这种说法！"

"噢？"

"中国在发展经济，不就是为了让人民生活好一点儿么？山区孩子没学上，不是我压迫他的，而是社会资源发展的不平衡。难道我少买一双鞋，他就有学上了？我还觉得我少买一双鞋，商场少了利润，工人少了工资，国家的GDP还少了零点零零零几呢。"

他一脸严肃的样子。

我感叹："你还真能说。"

他回应："这可不是我瞎扯，我穿得好，证明中国发展的成果啊！"

"呵呵，"我被他的这句话逗乐了，"确实，记得我上学的时候班上有个小胖墩儿，当时大家还说他那是改革开放的成果体现呢。"

我问他："社会不患寡而患不均，现在社会不就埋怨贫富差距大，你有名牌鞋穿而有的孩子还在光脚么？"

他点头："我知道，但这是社会的问题，资源的问题，很复杂的问题。虽然我也不知道该怎么办，但绝不是我不买这双鞋就能解决的，对不对？"

在这样的思维逻辑下，我也无法回答他的这个"对不对"。

"在很多表征下，隐藏着我们看不到的实质吧。"我说，"就好比，你外表穿着时髦，但内心毫不伪饰。"

他不好意思地笑笑："不说我。就说上次周佳琪说赵大元不应该穿新球鞋去农民工小学，我就觉得没什么。真的尊重他们，不是表现在你穿得朴素不朴素上面，要是一双新球鞋就让你觉得不自在了，那不是他们自卑，而是你自己自大，觉得自己高人一等了！"

这句话确实说得有道理。

他似乎越说越起劲："老师，难道要是我们去残疾福利院就得一瘸一拐才叫尊重对方了？这些都是表面文章！"

我点头："你说得对，我们确实应该考虑他们的心理感受，但从表面上保持一致就只能是表面上的，受助者和助人者的差别本来就是客观存在的，刻意去掩饰，只能说明你在意。只有你内心真正尊重他们，才能给他们真正的尊重和自尊。"

"发自你内心的尊重，是你内心的善意，你可以伪装你的外表，但是无法伪装善意。"

"是！"他激动起来："我们做这些都是自然的，不是刻意的。"

"自然的才能长久！刻意可以一时，不能长久。"我说，"爱心不是作秀，发自内心地去帮助他人，去奉献，才是一种真正的爱心力量。你帮助了别人，会有一种幸福感。"

学习 青春正能量

如果因为献爱心时开豪车、戴名表就成了炫富和作秀，如果受助者的自尊一定需要掩盖助人者的富有来维持，那只能说明我们是戴着有色眼镜在看问题。

爱心和自尊无关，和友善相连。

在和肖夏的这场谈话中，他的话锋犀利，一连串的反问中有着他自己的思考和疑问。诚然，他的观念和想法，有个人性，有局限性，但是也代表着一股新的思潮，一股新生力量对于自我和社会的思考。

时代在进步，各项标准体系自然也在发生着变化。对现在连"磁带"和

"BP机"都可以算得上"古董"的90后、00后来说，只要我们能看到那内心的热情、善良、责任感依然在这新一代国民身上，其他的又何必因循守旧，墨守成规呢？

穿新款球鞋，精心捯饬发型，只是他们一种真实的生活状态，而他们还没有"成熟"到知道在献爱心时要把自己"装扮"得朴素些，而这恰恰是最难能可贵的真实。肖夏头发上的那一层灰就是最可贵的真实的爱心。

献爱心可以一时作秀，但是传递善意不能。

肖夏最后的回应很有意思，他说："很多事，我们不需要争论，做就行了。人家好事都做了，爱心都献了，我们还在讨论人家是不是作秀，这没有什么意义。就像老和尚背女施主过河那个故事一样，人家早已经放下了，你心里却一直在背着，累不累！"

更何况，别人怎么说，其实并不重要。

青春奉献所传递出来的幸福感，就已经是最大的正能量。

啊，青春，青春，你什么都不在乎，你仿佛拥有宇宙间一切的宝藏，连忧愁也给你安慰，连悲哀也对你有帮助，你自信而大胆……

——[俄]著名作家 屠格涅夫

　　"广大青年一定要矢志艰苦奋斗。'宝剑锋从磨砺出，梅花香自苦寒来。'人类的美好理想，都不可能唾手可得，都离不开筚路蓝缕、手胼足胝的艰苦奋斗。……梦在前方，路在脚下。自胜者强，自强者胜。实现我们的发展目标，需要广大青年锲而不舍、驰而不息的奋斗。"

　　　　　　——习近平（《在同各界优秀青年代表座谈时的讲话》，2013年5月4日）

自胜者强，自强者胜

自强自胜论

"我们的国家，我们的民族，从积贫积弱一步一步走到今天的发展繁荣，靠的就是一代又一代人的顽强拼搏，靠的就是中华民族自强不息的奋斗精神。"

在 2011 年中央党校秋季学期开学典礼上，习近平曾提到："我们党 90 年来团结带领人民所做的三件大事、所取得的各项伟大成就之所以震古烁今，正是因为它们来之不易。其中有危难之际的绝处逢生，有挫折之后的毅然奋起，有失误之后的拨乱反正，有磨难面前的百折不挠，既充满艰险又充满神奇，既历尽苦难又辉煌迭出。"

"有困难、有风险、有危机、有曲折，都不可怕，关键在于要勇于面对，善于克服和战胜它们。一旦战胜了，就会峰回路转，光明在前。"

"山穷水尽疑无路，柳暗花明又一村。"在青春追梦的路上，我们既要有直面困难的勇气，又要有战胜挫折的智慧："梦在前方，路在脚下。自胜者强，自强者胜。"

………把负能量转化成正能量………

"这里面有个关键点，就是负能量的'平衡点'。若是过了，就会变成'破罐子破摔'，反而适得其反；要把这些负能量控制在还没有'爆棚'的时候，才能更好地转化成正能量，这也是一种智慧和能力。"

"阴谋论"？

孙晓佳的摊位热热闹闹地摆起来了。

"开张"第一天，画着大红心的海报贴得满墙都是。

赵大元拿着篮球还在卖力地大声吆喝："快来报名！用我们自己的力量来献爱心！"

肖夏站在一边派发着报名表格和宣传手册。

宣传热火朝天，来看的同学人头攒动。

看来，效果不错。

第二天。

现在，青春是拿来奋斗的

人人网上出现了这样一篇帖子，标题是"我们的爱心不能被人利用"，内容说的正是孙晓佳"卖废品献爱心"这件事，句句质疑：钱的收入透不透明？钱到哪里去？卖东西的账目公开不公开？甚至，提出了孙晓佳是否靠同学们的辛苦劳动来为她自己博名声的疑问。

通篇都是冷嘲热讽，充满了阴谋论，让不明所以的人看了胆战心惊。

文章的署名是"一个真正有爱心的人"，很明显，是个马甲。

我看到帖子的转发率已经很高，后面的评论更是无数，有附和质疑的，也有帮孙晓佳说话的，更多的是看客。

这样的攻击！

我知道，这个马甲是谁已经不重要，重要的是这篇帖子已经煽起了那些本来不会想到阴谋论的同学心里的疑问。

有了疑问，肖夏去收报名表的时候自然就困难了许多。

"凭什么这么说我?!"孙晓佳气鼓鼓地说，"我们的账目都是公开的，怎么会挣同学的钱！"

"这可说不好，外面那些打着慈善为名的贪污机构还少吗？"班里，有人阴阳怪气地这样回应。

"你说什么?!"孙晓佳叫嚷了起来，"我们好心好意、辛辛苦苦捡垃圾换钱，去捐助失学儿童，还要被人说贪污！我要是贪污，我就直接捡垃圾卖钱去，那又怎么样！"

"你是好心，那也为你申请大学的材料上添了一笔啊，跟着你做的同学越多，你这一笔就添得越重！好事都让你占了！"

"那你来做啊！"孙晓佳毫不退缩，"你要是不嫌脏怕累你来做好了！我无所谓这个名分！"

"别吵了别吵了。"旁边的同学开始劝架。

"事情还没有做，就有人往我们身上泼脏水！太可恶了！"孙晓佳恨恨地走出了教室。

她的马尾辫一甩，想着既然自己班上的气氛不好，就去找赵大元和肖夏这两个外班的男生商量商量。

可是，还没走到三班门口，就听到三班的班主任宋老师尖锐的嗓音。

"你说你们俩傻不傻！"宋老师一脸恨铁不成钢的表情，说的正是赵大元和肖夏。

孙晓佳的脚步顿时停住了。

虽然知道听墙根不好，但是她此刻又怎么会不听？

"这么明显的好事，咱们班自己不能做吗？赵大元你还是班委呢，一点觉悟也没有！"上纲上线，是宋老师的专长。

"这献爱心的事没人做就算了，既然现在学校让做，你们为什么帮着孙晓佳去做？"宋老师语气急促，一副生气的模样。

原来说的就是自己！孙晓佳在心里打鼓。宋老师为什么也要针对自己呢？

"让孙晓佳出头去做，你们自己为什么不去出头？你们既然也去卖力了，为什么帮着别的班的人？"

这一句话就揭开了谜底。

"老师，"赵大元老实，先开了口，"我没想那么多。"

"我就知道你们实在！想不了那么多！"宋老师见赵大元有认错的意思，松了一口气。

可还没等那口气落下来，肖夏就摇了摇头，说："老师，我觉得都是做好事，二班做和我们三班做，有什么区别？是二班孙晓佳先想到的主意，我们不应该也不想挑这个头。”

"什么叫不应该？什么叫不想?!"宋老师立马就火了，"有什么区别？你想想有什么区别?!"

"上个学年评优秀班集体就是我们和二班竞争最厉害，要是现在又让他们班的学生领头做了这事情，咱们班就又失了一分！"

评优秀班集体是学校年度最大的荣誉，也是一件老师和同学都很关注的事情。这不同于普通的传统式"老师评奖"，而是各班都要有展示，做演讲，有老师评分，还有同学评分，弄得很是正式和隆重。

二班和三班，是惯来的竞争对手，也难怪，宋老师对集体荣誉那么紧张。

肖夏也知道这个优秀班集体的分量，一时间有些结舌，想了想，说："那是孙晓佳一个人的主意，现在也是各班都有人参加，算不了是她们二班的成绩吧！"

"怎么算不了！"宋老师说着就给了肖夏一个"你就是傻"的白眼，教训道，"你看这孙晓佳这两天多火！以前谁知道她？昨天晚上连教导主任都问她是哪个班的了，她是代表她个人，可是大家都会看她是哪个班出来的。"

可怕的出身论，竟然无处不在。

"那，可是，要是，我们要是挑头做也不好吧？"赵大元结结巴巴地问。

"有什么不好？我又没让你抢了她的事情，就是她做她的，咱们班可以做咱们班的。多点同学参加，就能多点力量，不是一举两得嘛！"宋老师循循善诱。

"这样做不太好吧，"肖夏还是一脸认真地强调，"这事情本身是孙晓佳发起的，我们要是也做，有点……"

"那你们俩干脆就不要做！也不要去参加她那个活动！"宋老师见肖夏一根

筋，干脆下了个全部清盘的命令。

听到这话，孙晓佳几乎要忍不住马上冲出去了！

负能量更能激励人

"我没有冲出去，我使劲忍着，因为我不知道该对宋老师说什么，也许说什么都是错。"

孙晓佳找到我后，这样哀叹着说道。

"我们不会不做的，你放心！"赵大元和肖夏在一旁用保证来安慰她。

"老师，不好的事情这么快就来了吗？"孙晓佳睁大了眼睛，看着我，眼神里是倔犟，还有无助，让人觉得不忍直视。

"考验你'牺牲'的时候到了。"我也看着她，"你现在，需要正能量输入。"

"唉！"她叹了一口气，"我要是大力水手吃罐菠菜就能力大无穷就好了！"

"菠菜没有，不过有我们俩，还有那么多报名的同学！"肖夏拍了拍手里的一叠报名表，示意她不要担心。

"真的到要受委屈的时候了，难受吗？"我问她。

"难受。"她认真地回答，"说不难受无所谓肯定是假的，我很想哭很想骂人，但是我知道没用。要是受点委屈这事就能做成，我倒还挺乐意的。"

她能这样头脑清晰，着实难得。

"不要怪我们埋怨社会，是社会总让我们看到这么些不好的东西！"肖夏的神情很严肃。

我正犹豫着如何回应他这句话，孙晓佳就开口了："我倒觉得，你们说正能

现在，**青春**是**拿来奋斗的**

量能激励人，我想说负能量其实更能激励人。"

"噢？"这可是第一次听说。

大家都疑问："你没说错吧？"

孙晓佳收起了哀叹，俏皮地一笑，故作神秘："你们都知道卧薪尝胆的故事吧？"

"当然知道，可是这有什么关系呢？"

"怎么没关系？一样的道理。"她缓缓道来，"我们通常说正能量，都是那些美好的字眼，什么温暖啦希望啦，听起来是让人能觉得既开心又有力量，但是就那么振奋一下后，你的热情能维持多久呢？难道困难就会因此而不见了吗？"

我不由自主地点头，但是反问："你说的有点道理，可是正能量说的不是打吗啡，而是一种心态的调整啊。要有积极的心态，就能更好地面对困难。要是能调整好心态，就能面对长久的困难。是不是？困难是不会因此而不见，但是你却更有勇气去面对它了。"

孙晓佳也点头："我没有反对正能量啊，我只是说，那些负能量，也许更能激发一种热情。"

她解释道："那些所谓的负能量，就是那些不好的词，比如嫉妒、抱怨、小心眼等等，和卧薪尝胆的道理一样，受到打击和受到刺激了，才能真正地从心底里爆发出奋发图强的意志力。我觉得，这种受'压迫'而产生的意志力比心怀希望的热情要强。打个不太恰当的比喻，是不是'报仇'的力量一般都很大？古语不是说'君子报仇十年不晚'？能记十年呢！这力量有多强大！"

呵呵，这样的比喻，确实在"不恰当"之中有着一定的道理。

大约是听惯了太多心灵鸡汤式的理论，这一番"负能量激励前进"的理论让我们一时间回不过神来。

赵大元摸摸脑袋，说："好像还真是这么回事！以前老师骂我们'猪脑子'，我们赌气之后还拼命做题。现在谁说我打球不好，我骂完他还偷偷练呢。"
说罢，他不好意思地笑。

肖夏突然笑道："这不就是逆袭？屌丝逆袭啊！"
这个灵光一现的词提醒了我们，哈，这个比喻异常贴切。

要有转化负能量的智慧和能力

我笑着说："这个道理不错，但这里面有个关键点，就是负能量的'平衡点'。若是过了，就会变成'破罐子破摔'，反而适得其反；要把这些负能量控制在还没有'爆棚'的时候，才能更好地转化成正能量，这也是一种智慧和能力。"

"负能量可以转化成正能量，但是如何转化，是需要大智慧的。"

"嗯！"孙晓佳点头："这个确实不容易！"
肖夏说："我相信能够成功逆袭的人是应该具备这种智慧和能力的。"

我点头："晓佳的这种说法，能给我们很好的提示，我们常常说，濒临绝境了，人的求生本能会把最大的潜能给激发出来。或许就是这样，有的时候，我们在需要鼓励、肯定和支持的时候，也需要受一点'刺激'，让我们从痛楚中振奋。"

肖夏凝神："老师，这种刺激确实让人印象更深刻。可要是振奋不起来，反而颓废的人，就不行了。"

"你考虑得很全面，对于那些心灵脆弱，容易束手无策的人来说，太多的负能量确实会让他一蹶不振。不过我打个比喻，'兔子急了还会咬人'，瞧，兔子要是被逼急了还会咬人呢，是不是这个道理？"

"嗯！"孙晓佳应声道："负能量的刺激是很有作用的！"

"晓佳，是不是现在的这些困境和委屈，都更刺激你要继续做事了呀？"我笑着问她。

她莞尔一笑。

"咱们去打场球吧！发泄一下体力，你心情就会好的！"赵大元提议道。

"不去，"孙晓佳不出意外地摇头拒绝，脸上颇有得色，"我还要留着体力去收报纸呢，前面文印室的老师说给我留了一大堆的旧报纸。"

"走吧，跟我收报纸去！"招呼着赵大元和肖夏，孙晓佳甩着她的马尾辫，一摇一摇地走了，步伐轻快。

学习青春正能量

Life is pain, get used to it.

"生活是不公平的，去适应它吧。"这句来自比尔·盖茨的话，至今还广为流传。

是的，我们不得不承认，虽然那些温暖和希望能让我们充满力量，可是那些悲伤和嫉妒、不公平和打击，那些阴暗的负能量，更会让我们鼓起勇气去对抗。

谁没有因为被人奚落而暗自发誓说要怎样怎样？

谁没有因为心生嫉妒而做出百般努力？

除去心中不该有的毒蛇，那是一种不甘心，是一种自我的突破，是一种和命运抗争的勇气。

做成了，按照现在最流行的词来说，就是逆袭。

生活是不公平的，成长是需要付出代价的。

要让正能量强大起来，就要让身上的负能量弱下去。

如何减去身上的负能量？

消灭一个敌人最好的方法是同化它！

"在磨难面前的百折不屈，既充满艰险又充满神奇。"

"梦在前方，路在脚下。自胜者强，自强者胜。"

山穷水尽疑无路，柳暗花明又一村。

我们要用智慧和勇气，把负能量转化为正能量。这，就是最好的"减负"方法！

在前行的路上，让所有的能量都与青春同行！

"在问题面前也急不得，用生活的淡定去面对这些问题。"

——习近平（在参加代表团讨论时的发言，2013 年 3 月 5 日）

用生活的淡定去面对问题

问题论

　　2013年"两会"，在参加代表团讨论时，习近平谈到北京的雾霾天气，说："在问题面前也急不得，用生活的淡定去面对这些问题。"

　　在中央党校建校80周年庆祝大会暨2013年春季学期开学典礼讲话中，习近平也指出，当前，全党面临的一个重要课题，就是如何正确认识和妥善处理我国发展起来后不断出现的新情况新问题。

　　"现在，我们遇到的问题中，有些是老问题，或者是我们长期努力解决但还没有解决好的问题，或者是有新的表现形式的老问题，但大量是新出现的问题。新问题每时每刻都在出现，而且多数又是我们过去不熟悉或者不太熟悉的。出现这样的状况，是由世情、国情、党情的发展变化引起的。"

　　"不论是新问题还是老问题，不论是长期存在的老问题还是改变了表现形式的老问题，要认识好、解决好，唯一的途径就是增强我们自己的本领。"

　　青少年要始终保持良好的精神状态，敢于用淡定的态度面对矛盾和问题，同时，要好好学习，增强本领，矢志不渝地为中国特色社会主义事业不懈奋斗。

·············青春无畏阴暗和问题·············

"可以睁大你的眼睛，但不要关上你的爱心。坏人、骗子、不好的事情总会存在，你睁大眼睛去分辨，去看清楚。但是不能因为有不好的事情存在，就恶意地揣测所有人，就把大家都一竿子打翻在地不信任。是不是？"

被骗

群众的力量是巨大的！

在肖夏他们努力说服了宋老师可以双赢合作，又消除了大部分的负面影响之后，两个星期的时间，孙晓佳他们就卖出了第一批废品，筹到了第一笔款项：860元！

孙晓佳自己拿出零用钱来凑了个整，就是1000元。

看着不多，但这对一毛钱一个的矿泉水瓶、八毛钱一斤的报纸来说，已经是笔巨款了！

兴奋是自然的，尤其是拿着自己的"辛苦钱"的时候。

"咱们用这笔钱做点什么?!"赵大元首先嚷嚷开了。

"我想应该先捐助点什么，也让大家都看到咱们的成果嘛！"肖夏在认真思考。

"那我们分头找找吧，有什么需要的地方。"孙晓佳提议。

这三个人，俨然已经成了一个领导小组。

三天后。

"我找到个地方，是救助流浪猫的！他们说很需要物资和钱，马上要冬天了，要给那些流浪猫狗准备过冬的东西！"赵大元说得有板有眼。

"在哪里找到的？"肖夏认真，多问了一句。

"在我家小区的论坛上，"赵大元回答道，"我们对面楼的一个邻居大哥，看到我发了帖子问捐助的种类和途径，就私信我说他就在一个这样的救助服务点做义工。他们有这个需要！"

"那他说要我们买什么呢？"孙晓佳问道。

"不用我们买什么，"赵大元摇头，"我们对猫狗要用的东西不熟悉，就直接捐钱得了！"

"直接捐钱？会不会有问题啊？"肖夏有些犹豫。

"有什么问题？"赵大元不高兴了，"那又不是直接捐给他，是捐给那个收流浪猫的机构！"

"你别怪肖夏，现在社会上骗子太多。"孙晓佳劝道。

"我都查过了！"赵大元拍着胸脯保证，"我也和他聊过了，挺好的一个人。他说他自己家里就养着两只流浪猫呢。没问题！"

"那好，我们相信你。"孙晓佳最后做了决定。

也许成长的路上必然有坎坷，也许实现梦想的道路必定有险阻。

事情的发展在我们的"意料之外"，1000块钱石沉大海！按照"邻居大哥"给的账号把钱汇过去后，赵大元就再也找不到这个"好心人"了。

跑遍了小区，还去居委会死缠烂打地看过了租客资料，也遍寻不着，好像这个人就上天入地，平白消失了。

"骗子！"赵大元火冒三丈，重重地捶着课桌。要不是我在场，他估计已经要骂娘了。

"你还说见过他，没有照片吗？"孙晓佳急了。

"有照片管什么用，难道你能发通缉令？最多就是人肉一下，咱们还没证据。"肖夏的逻辑清晰。

"那家机构呢？也是假的？"我问。

"机构是真的！可那个骗子当时骗我说机构是公家直接转账要缴税，为了少缴点税能让他们多拿到点钱，就让我直接转账给他个人了！"

赵大元既生气又懊恼，这钱来得多不容易，他比谁都清楚。

看来，这骗子也是动了心思的。

对好人没信心？

"那现在怎么办？"

"向同学们说明真相吧！"孙晓佳沉了口气，说道。

"不能说！"赵大元赶紧阻拦，"你要是这么说，说不定有些人还以为我们在骗他们，这不就让上次那些说我们挣钱的人有话可说了？"

"我们没有骗人，怕什么！"孙晓佳一脸凛然。

"那也会让同学们觉得我们的能力太差，这么容易就受骗上当了。"肖夏很冷静。

　　"这也不行，那也不行，那你们说到底怎么办！"孙晓佳很着急。

　　我想了想，说："我觉得孙晓佳说的可行，就照事实说吧。事实本身就是最强大的，最具有说服力的。你们也不是很容易就受骗上当的，赵大元当时还做过调查了，机构也是真的。只是你们的社会经验太浅，这次捐助的心又太急切，所以才被骗了。解释一下，同学们是可以理解的。"

　　"要是他们不理解呢？岂不是全毁在我手里了？"赵大元万分自责。
　　"不是你一个人的事情，当时我们都是一起商量的，也是我最后做的决定。"孙晓佳站了出来，"要是同学们真的不理解不相信，那么我就来承担责任。"
　　她这样毫不推诿，让人欣赏。

　　就这样，由肖夏起草了一个"事件说明"放到了网上，仔细讲述了这次"捐助受骗事件"的始末，并且由他们三个主要负责人向参与了这次活动的同学们致歉。
　　同时，也提醒其他同学避免在类似的事件中上当受骗。

　　我看了内容，写得朴实，诚恳。

　　在同学们开始议论的时候，我看到赵大元的情绪还处在低谷。他连篮球训练也没有参加，就是坐在操场上发呆。
　　"你还在后悔？"
　　"老师，"他吞吞吐吐，似乎有些不好意思，"我觉得挺没面子的。"

　　噢，原来还有这一层我没想到的原因。
　　赵大元一直不喜欢人家说他只是"四肢发达"，好不容易提一次建议，却

"失败"得这样惨烈。对同学们失去了交代不说，连"证明自身"这个隐秘的想法也落败了。

这就是，双重的懊恼！

"你缺少社会经验，被偶然骗到了，就吸取教训吧！下次找的时候睁大眼睛不就行了？"

"现在全是骗子，让我相信谁啊！我眼睛睁得再大也看不清楚！"

"那你不打算再找其他捐助项目了？"

"让肖夏和孙晓佳他们去弄吧，我是没信心了，对找到好人没信心，对我自己也没信心……"

赵大元的神情很复杂，各种纠结。

"我给你讲个故事吧……"我说。

"几年前的一个冬天，学校里突然跑进来好几只流浪猫。有不少女生都很热情地去给它们喂食，但是一不小心，就被猫抓伤了，要送去医院打破伤风针。于是学校就把这些流浪猫集中送到专门的地方处理了，防止校园里再有人被猫抓伤。"

"当时有个女生来找我，挺不高兴的。说学校不应该把猫都送走，不是所有人都会被抓伤的，因为她自己就没有被抓伤。因为虽然她之前没有养过猫，但是专门在网上查了资料，了解了猫的一些习性和肢体语言，就能尽量避免被抓伤了。"

"老师？"赵大元的眼神里有些困惑。

"我是想说，被猫抓伤的可能性我们是可以通过科普、防护等措施来避免的。好比，你这次受骗，就是个很好的经验教训。社会上是有骗子，那你就不出门不和人打交道了？下次再把警惕性提高点嘛！"

"嗯……"赵大元在消化我说的话。

"吃一堑长一智，说的不就是这个道理？"
"防不胜防啊！"赵大元颇有感慨，"他连身份证都拿出来给我看过的！"

他接着就不说了，身份证做个假的多么容易，他不是不知道，但就是疏忽了。好心人，做好事，就很容易把不好的因素都忽略。

可以睁大眼睛，不要关上善心

"天桥上，地铁里，那些要钱的老人和小孩子，你觉得可怜吗？会给钱吗？"我换了一个问题问他。
"挺可怜的，"他自然地点头，"不过现在不是说那些小孩都是被控制起来挣钱的工具吗？还有那些要钱的，其实都住大房子，我就不太想给钱了。"

"我会选择性地给。"我说。
"选择性？"
"我看那些身体健康的、年轻的都不理，那些年纪大的，还有残疾的小孩，我就给。"
"现在不是说那些小孩都是被拐卖出来，也是有犯罪团伙控制，来挣钱的吗？你不怕你给钱就助长了这些人？"他问道。

"嗯，你说的有道理。"我说，"这个我也知道，所以那些主动要的，上来就抱着你的腿的小孩我不给。那些默默地坐在地上，我有时候会给。其实我也知道，他们好多都是被控制的，但是我要是多给一块钱，也许他们回去就能少挨一点打呢？"

"老师！"他摇头，"我不太同意，你要是明知道这些孩子是被控制的，还要给钱，那不是善心被恶意利用了吗？而且还助长了他们这种骗人的手段！"

他的反问，让我的心里一颤——明知道善心被恶意利用，还要付出，为什么？

"因为我们不能因噎废食！"我看着他，说，"我理解你说的道理，好比某些事件后，大家对某些慈善机构不信任，对捐款不信任，所以拒绝捐款。可是每次地震和灾害后，我难道就因为这一个机构的问题，就从此拒绝捐款，拒绝帮助所有存在真实需求，需要帮助的人吗？"

我继续说："小猫抓伤了我们，我们不能不管它；有要饭的是骗子，我们不能当所有人都是骗子；有孩子被利用挣钱，我们的社会要想着怎么去解救他们，怎么去解决这个问题，而不能只是说让我们不去给钱才能解决这个问题！你想想？"

"嗯……"赵大元又是深深的思考，最后说，"那我们该怎么做？"
他还是把这个问题抛给了我。
"打开爱心，睁大眼睛。"我说，"可以睁大你的眼睛，但不要关上你的爱心。坏人、骗子、不好的事情总会存在，你睁大眼睛去分辨，去看清楚。但是不能因为有不好的事情存在，就恶意地揣测所有人，就把大家都一竿子打翻在地不信任。是不是？"

"那要是真的受骗了呢？"
"这就是判断力的问题了。我也许是把一块钱给了骗子，那是我的判断力的问题，也是因为我不想错失那个真的可能需要一块钱的老人。只要你不是没有头脑地善心泛滥，我相信就可以帮助到那些真正需要帮助的人！"

"嘿嘿，"赵大元爽朗地笑了，眯起了他的小眼睛，"我眼睛不大，但是我会努力睁大的！"

学习 青春正能量

"只要人人都献出一点爱，世界将变成美好的人间。"

有首在中国家喻户晓的老歌中这么唱着。

但是，当今社会，面对"献爱心"，很多人都因为被"伤了心"，而躲之不及。

没有善心是一回事，怕自己的善心被利用，又是另一回事。

一条微博上大V推荐的"求转发，求帮助"都会被反复质疑和求证，再到辟谣。也许是因为我们经历过太多的"伤心"，所以我们可以理解那些对于各种"求助"默然走过，甚至闭上眼睛的人们。

质疑、抨击，甚至谩骂，但终究，我们是在为这样的情形而心凉。

因为，这样的情形，若换做发生在我们自己身上，当有一天，我们也真的需要求助于别人的时候，怎么办？还会有人来热心地帮助我们吗？

当扶个老人都是"高危行为"，需要"指南"的今天，我们的心，会不会更凉？

记得改革开放初期，邓小平曾经这样形象地指出："改革开放就好比打开一扇窗户，苍蝇蚊子也是会飞进来的。开窗的目的是为了室内更有生机，而不是为了接纳苍蝇。"由此，当时主政广东的习仲勋，率先在国内提出了一个崭新的观点："深圳作为全国改革开放的窗口，必须要装纱窗！"

献爱心的道理或许可以等同于此，我们可以睁大双眼，但不能关上爱心。

"老的问题解决了，我们还在面对新的问题，其实老的问题和新的问题，在中国社会里面同时存在的……在问题面前也急不得，用生活的淡定去面对这些问题。"

有阳光的地方，就有阴暗。面对阴暗，我们要想办法解决问题，而不是一味指责或躲避，"装纱窗"就是其中的一个办法。爱心是一阵和煦的春风，我们装上分辨率高的纱窗，就是为了把阴暗和杂质都挡在外面，让这春风吹到真正有需要的地方。

有爱心的人间，本来就在我们自己手中，不是吗？

　　"要坚持学以致用，深入基层、深入群众，在改革开放和社会主义现代化建设的大熔炉中，在社会的大学校里，掌握真才实学，增益其所不能，努力成为可堪大用、能担重任的栋梁之材。"

——习近平（《在同各界优秀青年代表座谈时的讲话》，2013 年 5 月 4 日）

在社会的大学校里，增益其所不能

深入基层论

下基层，到第一线去，是青年人的战斗岗位。

"广大青年要牢记'空谈误国、实干兴邦'，立足本职、埋头苦干，从自身做起，从点滴做起，用勤劳的双手、一流的业绩成就属于自己的人生精彩。要不怕困难、攻坚克难，勇于到条件艰苦的基层、国家建设的一线、项目攻关的前沿，经受锻炼，增长才干。"

2013 年 5 月 14 日至 15 日，习近平在天津考察时，勉励当代大学生志存高远、脚踏实地，转变择业观念，坚持从实际出发，勇于到基层一线和艰苦地方去，把人生的路一步步走稳走实，善于在平凡的岗位上创造不平凡的业绩。

青年作为时代的接班人，"要坚持学以致用，深入基层、深入群众"，要善于在平凡的岗位上创造不平凡的业绩；"在改革开放和社会主义现代化建设的大熔炉中，在社会的大学校里，掌握真才实学，增益其所不能"，在基层广阔天地实现自身价值。

············到第一线去体验生活············

"对！我们的本意就是要帮助能帮助的人！选这么远的地方，当时我妈也犹豫过，怕太远了不方便，但是我妈后来同意了，说也让我们去开阔眼界，去看看。献爱心不是空口白话，是要靠做的！"

到第一线去！

赵大元刚"复原"，孙晓佳就兴高采烈地找来了捐助的新项目。

"我找到云南的一个贫困山区小学！我们寒假的时候可以去那个学校支教！再把我们的钱直接带过去给他们买书买吃的！"孙晓佳说得很激动，"这是我妈的老同学，在总工会的一个阿姨亲自帮我们联系的，肯定靠谱！"

"哇！太棒了！"教室里一片欢腾。

彩云之南的神秘魅力，对于北京的孩子们来说觉得新鲜有趣，两千多公里的距离算什么？我们是去支教！是去献爱心！我们要到第一线去！

同学们的心，顿时沸腾了起来。

"肖夏！"孙晓佳正好看到走廊上他经过，就叫住了他，"赵大元和你说了吧？还是你负责收报名表吧！"

"好。"肖夏手里拿着要去交给语文老师的试卷，步伐有些匆忙。

"你会去的吧？"孙晓佳问道。

"当然！"

"那就好，我还需要你和赵大元两个当保镖呢！咱们第一次去，还带着高一的同学，不能出什么差错啊！"孙晓佳考虑得仔细。

"没事，我肯定会去的！"见她忧心，肖夏就停下了脚步，肯定地强调道，"正好我妈要带我寒假回四川老家过年，我就可以顺路直接去了。"

"嗯！"孙晓佳满意地笑了。

妈妈的阻拦

"不许去！"

晚上回家，肖夏刚说了个开头，就被妈妈断然拒绝了！

肖夏是个努力学习的孩子，妈妈很少对他这么严肃，这句"不许去"一出口，肖夏就被吓了一跳。

"为什么啊？"

"那么远的地方，还是山区，有什么好去的！太危险了！"

"不危险！那么多同学都去呢！那边联系的校长会安排车接送我们的！"肖夏使劲解释。

"别的同学我不管！你不许去！放寒假还不抓紧补托福，耽误时间！"妈妈又找出了一条理由。

"我们是去支教！"

"你们去支什么教？人家学校里又不是没老师，要你们去干什么！再说了，你们高中还没毕业，能教什么？"

"你就是怕路上有危险不让我去！"肖夏看穿了妈妈的"企图"。

"对！"妈妈也不怕承认，索性摊开来说，"你说说，你们都是些孩子，没一个大人，叫我怎么放心？"

"我们都是大孩子了！"肖夏强调，"我们自己会照顾自己的！"

"你们还会照顾自己？你在学校我还天天不放心你午饭吃什么乱七八糟的东西，是不是又吃方便面了呢！"妈妈很不屑儿子的表态。

"妈妈，我向你保证，我绝不会贪玩也不会乱吃东西，你就让我去吧！"肖夏放软了语气，求着妈妈。

"这次说什么都不行！"妈妈很是坚决。

"我，我都和同学说好了！我还是组织的人，我怎么能不去呢！"肖夏着急了。

"你就和同学说，是我不让你去的，说你要回外公外婆家有事。"

"同学会说我的！妈妈，这是做好事，你就让我去吧！"

"妈妈知道你们这是做好事，平时也没反对你们捐东西捐钱啊。就是这次你在学校里忙这忙那，耽误了学习我也没说什么是不是？"妈妈苦口婆心地劝肖夏，"你们把钱直接寄过去，再寄点东西过去，不是一样吗？干吗大冬天的非往那么远的地方跑？你说你会照顾自己，南方经常有雪灾啊，一遇上了，你们想回来都回不来。妈妈怎么能放心呢！"

这番话，说得在情在理，可肖夏的妈妈不理解儿子为什么"非得要亲自去"的道理。

"我们寄钱寄东西过去，和我们自己去，是不一样的！"肖夏提高了声调。

"有什么不一样？"

"他们不光需要钱和东西，还需要外界的人和信息。就像我们上次去一个农民工子弟学校，我知道我们是教不了他们太多东西，但是很多东西就是课堂之外的啊！我们陪小朋友玩玩，他们玩玩我们的手机，都很开心了！"肖夏说得激动起来。

"你还想继续做下去？我看你今年做做也就算了，明年高三了你就别瞎掺和了！"妈妈根本不理肖夏那一堆"道理"，反而牵扯出了"做不做"的事情。

"你不讲道理！"肖夏气急了。

"我这次就不讲道理了！不许去就是不许去！"妈妈被激怒了。

"砰"的一声，肖夏使劲关上了自己房间的门，实行冷战政策。

身受才能感同

三天以后，我在孙晓佳的小组筹备会上看到肖夏神色黯然，才知道了这回事。

"还玩冷战呢？自己的妈妈，好好说说不行吗？"我劝他。

他摇头："我妈她压根儿不信任我。"

"不信任？"我问，"我觉得你妈就是担心你啊，所以才采取这种格杀勿论的高压政策的。"

很多时候，家长的苦心到头来只是苦了自己。

他反驳："我说我写保证书也不行！她就是不相信我！"

我有些哑然失笑——什么年头了还写保证书？

"安全问题，写保证书有用吗？"

"那也表明了我的态度嘛！"他说。

"写保证书没用！"孙晓佳插话道，"老师，有不少同学和肖夏一样，家长都不让去！就是担心安全问题！有的还说觉得我们异想天开！"

"家长的担心是有道理的。"我说，"你们确实还都是孩子，未成年，你们又生长在大城市，自我防范和保护能力弱，社会经验浅，容易出问题。"

"那我们就不能去了吗？"孙晓佳着急地问道，"这两天那些家长不让去的同学都来问我怎么办，要是都不让去，我们就去不成了！"

"我爸让我去！"赵大元此时有些得意地说道，"我爸说我没问题，男人就该去锻炼锻炼！"

"唉。"肖夏听他这么说，就更加落寞地叹了一口气。

"你们为什么非得亲自去？是怎么想的？"我问他们，"像肖夏妈妈说的那样，把东西直接寄过去不行吗？"

"当然不行！"肖夏还没回答，孙晓佳就跳了出来，"我们要把钱和东西亲自送过去，才有诚意！"

非要经历艰难险阻，得来不易，方才更加珍惜。

"我不觉得这诚意就多了几分。"我摇头，"之前流浪猫的事情，咱们还说过，献爱心，也要懂得防范，懂得保护自己，怎么这会儿全不顾忌了？"

"这是两回事，"肖夏也摇头，"老师，这不一样的。"

"哪里不一样？"

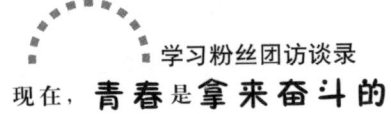
吃了苦才能记得深

"老师，你想想，我们当时为什么要辛苦捡垃圾卖废品去挣钱？要说为了贫困地区的孩子捐款，我相信同学们，家长也会给钱的吧，还不一定比我们这个金额小。但是我们就觉得孙晓佳说的这个主意很好，要用我们自己的双手去挣钱。"肖夏说，"说白了，就是我们想要吃点苦。"

"吃点苦？你妈会说你矫情的！"

"呵呵，说故意去吃苦，是有点儿矫情。"肖夏笑笑，"但是吃了苦才能记得深嘛，我们现在捡垃圾卖废品辛苦，弄完了满头大汗连买瓶矿泉水喝也不舍得计算在成本里。那天，收废品的想少我们两块钱，大元坚决不肯，使劲要了回来。要在平时，他那么要面子的人哪里会去和一个收破烂的计较两块钱？但是大元说了，两块钱，我们要捡二十多个瓶子才能挣回来呢！"

说罢，他看着赵大元，目光感怀。

赵大元被肖夏这么一说，有些不好意思，但还是认真地说："嗯，我们挣钱不容易所以才珍惜。我们要去那么远的地方，我知道很辛苦，坐火车就得二十多个小时，我长这么大还从来没坐过那么长时间的火车呢！可要说辛苦，山里的孩子每天上学都要翻两个山岭，我们去一趟，看看他们，也没什么。"

这番话，要在班会课上说出来，可能有些假。但是在这种情形下，从平时大大咧咧的赵大元的嘴里说出来，显得无比诚恳。

"你们想体验生活啊？"我问。

"呵呵，"孙晓佳笑了，"可以这么说吧，我们要自己去，还有个原因就是那里太穷了，我光看看照片都觉得很惨，要是同学们能亲眼看见，那会是很震撼的！以后我们再继续做下去就更有力量了！"

"是不一样！"赵大元也说，"之前我就听孙晓佳说说，觉得他们很穷，后来看到照片，就觉得很吃惊了。我想要是去亲眼看了，那就真的会很震撼的！"

"耳听为虚，眼见为实。"肖夏说，"还有好多同学不相信，国内竟然还有那么穷的地方和孩子，我们这次去，拍了照片让大家看看，也是对我们这个活动有个很好的交代。"

"对！我们的本意就是要帮助能帮助的人！选这么远的地方，当时我妈也犹豫过，怕太远了不方便，但是我妈后来同意了，说也让我们去开阔眼界，去看看。"孙晓佳说道，"献爱心不是空口白话，是要靠做的！"

"说我想体会一下他们的生活也好，想自己付出一点也好，我真的很想去。"肖夏说，"我其实也懂我妈的心思，就是担心我的安全，可是哪里有万全的呢？我们尽量保护自己就是了！"

"嗯，"我点头，"肖夏，你回家和妈妈好好谈谈吧，说说你的想法，我想妈妈应该会理解你的。"

学习 青春正能量

献爱心的平等是什么？

我们在帮助他人时的"平等和尊重"，好比大人努力蹲下来和婴儿说话，想和她的眼睛平视，甚至如孩童牙牙学语般说叠词，这就是外表上的"平等"。

内心的平等从何而来？

不是你说我理解他，我同情他就是真的理解、真的同情，而是需要你在吃了山区孩子的午餐后，在亲手给一只流浪猫洗澡后，在费了很大的力气挽扶一位老爷爷老奶奶走到庭院散步后，你才知道。

知道他们的辛苦，不易，甚至难堪。

都说"感同身受"，但是要知道，若不"身受"，则永远无法真正"感同"；若你没有在那上山的路上跌过几跤，你又怎么能真正体会山区孩子的求学艰辛？

"要坚持学以致用，深入基层、深入群众，在改革开放和社会主义现代化建设的大熔炉中，在社会的大学校里，掌握真才实学，增益其所不能，努力成为可堪大用、能担重任的栋梁之材。"

"身受"过的，不用言说，自然体会分明。

你生病的时候，会选择递过来的一杯水，还是一叠人民币？

后者更有力，前者更温暖。

孙晓佳说："我们不光送去人民币，我们还递过去一杯水。"

很完美。

年轻的朋友啊，春已经翩然而至，就像阻不住的生机已经降临枝头，青春已经降临你的生命。让我重复一句吧：它得之不难，失之也易。因此，当你拥有它的时候，就得想到应该如何珍爱它，不久之后又应该如何与之揖别，以及将来应该如何使之终于化作我们称之为"果子"的东西。

——作家　岑桑

　　"中国梦是国家的、民族的，也是每一个中国人的。国家好、民族好，大家才会好。只有每个人都为美好梦想而奋斗，才能汇聚起实现中国梦的磅礴力量。中国梦是我们的，更是你们青年一代的。中华民族伟大复兴终将在广大青年的接力奋斗中变为现实。"

——习近平（《在同各界优秀青年代表座谈时的讲话》，2013 年 5 月 4 日）

中国梦是我们的，更是你们青年一代的

青春中国梦

"现在，大家都在谈论中国梦，都在思考中国梦与自己的关系、自己为实现中国梦应尽的责任。"

"中国梦是历史的、现实的，也是未来的。中国梦凝结着无数仁人志士的不懈努力，承载着全体中华儿女的共同向往，昭示着国家富强、民族振兴、人民幸福的美好前景。"

"中国梦是我们的，更是你们青年一代的。中华民族伟大复兴终将在广大青年的接力奋斗中变为现实。"

"在你们身上，充分体现了当代青年报效祖国的远大志向、朝气蓬勃的精神风貌、自强不息的意志品格、甘于奉献的思想境界，也充分体现了广大青年对中国特色社会主义的坚定信念、对实现中华民族伟大复兴的必胜信心。"

国家富强、民族振兴、人民幸福的中国梦，要靠每个人的梦想叠加，靠每个人的不懈奋斗。在实现梦想的征途上，青年是一支生机勃勃的重要力量；在推进发展的进程中，青年也拥有更多人生出彩的机会。

"把自己的梦和祖国的伟大事业联系在一起，将奋斗的平台放在祖国伟大事业上，才能成就你们的理想。"

总书记循循善诱的话语，发人深省。

············青春的梦想就是中国梦的正能量············

"我也相信滴水成海的力量！'众人拾柴火焰高'，一个人的力量有限，大家的力量加起来就是蓬勃的旭日！一个人的梦想实现是自我实现，每个人的梦想汇聚起来就是民族和国家的梦想！你们的青春热情和责任感汇聚起来，就是对中国梦的正能量输出！"

人生中深刻的一段记忆

两周后。

我去找孙晓佳，具体的行程中还有一些细节有疑问，只看见肖夏手里拿着厚厚的一摞报名表，一脸兴奋地从门口跑进来。

"大元！晓佳！"他高兴地喊着，"你们看！人还挺多！"

"呀！真是啊！"孙晓佳接过报名表，也是一脸高兴地仔细翻看着。

"老师！"看见我在，肖夏就说，"您看最后报名能去的人还是不少呢！看来大家都想办法说服爸妈了！我妈最后也同意我去了！"

他满脸欢喜。

"要是这次去的效果好，我们打算把它做成一个常规活动！"孙晓佳说，"以后每年寒暑假都去！"

"每年都去？"

"是啊，我们又不是去作秀，去一次两次的，就像参观一样，意义不大。这种活动要常规化才有意义！"

"对！"赵大元也连连点头，"我们要一直去！"

三个人的表情，坚定而充满期望。

"晓佳，你们折腾到现在，有什么感触想谈谈吗？"

我觉得这两个多月以来的日子，应该是他们迄今为止的人生中尤为丰富的一段经历，也是最为深刻的一段记忆。

"很多话想说啊！"孙晓佳毫不犹豫。

"捡垃圾好臭！"赵大元插科打诨。

"你正经点！"肖夏笑着推了推他。

我看着他们嬉笑打闹，神情爽朗，仿佛之前的辛劳、委屈和种种纠结，已经全部都被湮没，遗忘。

献爱心需要"培养"

"老师！"孙晓佳先开了口，"我发现个问题，现在我们这个社团是有很多人来报名，但是我发现有些人不是真的来献爱心的。"

"不是真的？他们不干活吗？"

"不是不干活，"孙晓佳的表情也有些愤慨，"他们也一起捡垃圾，收拾归类，但是我看到他们并不在意收多收少，易拉罐的铝罐和铁罐都不会分，废报纸堆

Spring is.....

得乱糟糟只管收不管捆。收好的大袋瓶子要是有漏水的他就肯定不会搬，嫌脏。他们只是挑一些轻省的活儿来干，还不愿意动脑筋，更不主动。我说句不好听的，我觉得对他们来说，献爱心只是一种自我满足，满足他们那种'我也做了点事'的心理。但是这事情做得不到位啊！就让我觉得那不是真的要去献爱心！"

"你非要每个人争先恐后地干活啊？还要干得漂亮？"我故意调侃她。

"咳！老师你知道我不是这个意思。我是觉得他们想要个名分还做得不到位，这样不是便宜了他们！"

瞧，孙晓佳还上纲上线了。

"那你不要这些人，把他们'开除'了！"我想将她一军。

"那不行！"她果然嚷嚷了起来，"多个人干活，也是好的嘛！我们想要多收点废品，多个人就多点力量啊。"

"那不就行了？"我说，"其实我觉得，为了满足自我，或者要个名分去献爱心，也没什么不可以。不管他的目的是什么，就算你觉得做得不到位，但也总算是付出了？也总算是做了点贡献？只要不起反作用力，有人受益了，不就行了？"

"让他们干！"赵大元插话进来，"他们不是想要这个名分吗？那就让他们干活呗！做得再不好，也总比不做强！"

"做，是最重要的！"我说，"先不管他是被迫的，被引导的，还是半主动的，都让同学们先参与进来，付出做事，这其实就是一种行为习惯的养成。我相信善意是天性，但是献爱心这种行为还是需要培养的。"

"不管他是不是真心付出？"

"你介意什么呢？你介意有人真的受益，还是介意他更在乎名分和心理满足？"

"呵呵，"孙晓佳笑了，"老师，我介意他能不能再多做一点，能让更多的人受益！"

捐款多就是爱心多吗？

"孙晓佳，你的'干活儿多就是好'的标准，和'捐款多就是好'的标准，很雷同啊！"一直没吭声的肖夏，突然冒出了这么一句。

大家一愣。

孙晓佳立刻反驳："我是觉得干活儿多就是好啊！难道你觉得干活儿少态度好？我也觉得捐款多就是好，月亮代表我的心，捐款代表我的爱！"

"看！就是有了像你这种想法的人，我们才会总是被逼捐！"肖夏很严肃。

"谁捐钱多就是爱心多?! 我不同意！"赵大元也声援肖夏。

"付出多难道不是爱心多吗？我同意钱不是唯一标准，但是多一点钱就能帮助更多的人！我们那么辛苦不也是想着能多卖点废品吗?!"孙晓佳振振有词。

"你这是混淆逻辑，偷换概念！"肖夏毫不留情。

眼看着刚刚还"其乐融融"的三个人，就要吵起来了，我赶紧拦住。

"晓佳，先不说这个，我说我自己。不管是捐款，还是让个座，在我做这些事情的时候，我根本就没想过这是"献爱心"。我只是将心比心的感受：假如有困难的是我，我也很想得到别人的帮助。"

孙晓佳不经意地点头。

"你说过，献爱心应该是一种自然而然的行为，就像刚刚你不喜欢有人为了自己的目的而'献爱心'。所以我觉得，爱心的多少不能以做多还是做少来衡量，更不能以捐款金额的大小来衡量！"

"难道多一点不好吗？"孙晓佳不服气。

"多一点好。"我说，"但是少一点也没什么不好。因为爱心不是商品！不能谈斤论量来等价交换，甚至讨价还价！"

穷则心怀天下，达则兼济天下。

青春梦想给中国梦传递正能量

"献爱心是一种精神力量，而不是物质驱使。我一直认为，这种给爱心贴标签的做法，是新一轮的'道德沦丧'。晓佳，你想一想，要是捐款多少就代表爱心多少，如果爱心都能拿钱来证明，甚至买卖，那我们还有什么力量去激发周围人的热心和付出呢？"

"嗯。"孙晓佳有些迟疑，"让我想想，这个问题太复杂了。"

"你想想吧，爱心是一种本能的善意，我们要做的是激发大家的这种善意，所以首先我们自己不能拿物质的东西来衡量。"

"激发这种善意，挺难的。"肖夏说，"比如说，有人说我们自己挣钱，有人为难我们，我们忍了，但是有人说我们好心不一定有好报，这让我太郁闷了！"

"好心没好报？"

"嗯！说人家拿到钱就好，谁记得我们是谁！"

"不记得你，所以你郁闷了？"

"我也不是非要让人家记得，也不是求什么'好报'，但是被这么说，挺郁

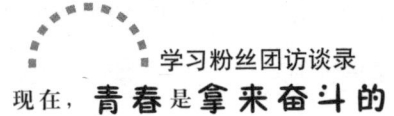

闷的！"

"嗨！多大点事！"赵大元插话道，"我爸之前捐助过一个小学生上学八年，从来不让人家知道他是谁，也坚持不要那个孩子写信表达感激什么的。我爸说，没必要让小孩子精神上有压力。而且，做的都是不说的，说的往往还不做。"

"嗯，大元，你爸爸说得不错，就是这个道理！咱们本来做事也没想着回报啊，你难道非要人家小孩子感激涕零地供奉着你？"孙晓佳伶牙俐齿地"讥讽"了下肖夏。

"好吧，就算我想多了，还有更郁闷的呢！"肖夏难得地又皱起了眉头，"有人说我们作用太小，根本无济于事，就算帮那些贫困山区的孩子，也只是滴水解不了渴，更帮不了他们一辈子！"

"你怎么回应的？"我问。
"我说我们能做多少做多少，能帮多少帮多少。"
"你被这么一说，真觉得自己力量太弱所以郁闷了？"
"有点吧。"

"晓佳，你怎么说？"
"我们是滴水，但海洋也是滴水汇聚起来的！他们不用我们帮一辈子，因为他们不会贫穷一辈子！"孙晓佳的目光粼粼，闪烁着动人的光芒。

"说得真好！"我赞许道，"我也相信滴水成海的力量！'众人拾柴火焰高'，一个人的力量有限，大家的力量加起来就是蓬勃的旭日！一个人的梦想实现是自我实现，每个人的梦想汇聚起来就是民族和国家的梦想！你们的青春热情和责任感汇聚起来，就是对中国梦的正能量输出！"

学习 青春正能量

孙晓佳他们的爱心公益社团从建立到执行，他们做得认认真真，轰轰烈烈。

从组织号召到引导他们做公益活动，到看到学生自觉自发地行动起来，作为老师，我很欣喜。

为什么要献爱心？为什么要帮助他人，服务社会？

恐怕，这个庞大复杂的问题，不是简单地用"学雷锋"、"奉献"或者"社会责任感"、"公民意识"这样的词汇来解释。

"老吾老以及人之老，幼吾幼以及人之幼。"推己及人，可能就是一个行得通的回答。

其实，我们今天并不想研讨"为什么要做"这个问题，因为90后的他们已经开始在做了！下一步，已经到"怎么做"的阶段了。

前行的道路上，有困难，也有疑问。只不过，不是每一个问题都有标准答案，也不是每一个问题都会有人来"解答"。但恰恰因为此，才更让他们深思，深思那些他们看到的、体会到的、感知到的所有。

其实，我们也并不想研讨"怎么做"这个问题，因为今天写下这些故事，是想让大家看到这些孩子心中的善。

"一个没有精神力量的民族难以自立自强，一项没有文化支撑的事业难以持续长久。青年是引风气之先的社会力量。一个民族的文明素养很大程度上体现在青年一代的道德水准和精神风貌上。"

爱心公益行如何做，如何继续，也不是我们今天要研讨的问题，我们只是想通过这个在他们成长道路上的一隅，让大家看到这些孩子们心中的希望和责任感。

心怀希望，就会心怀善意。

心怀责任感，就是能够产生将个人命运与国家命运联系起来的担当和勇气。当社会上弥漫着抱怨、自私、诋毁和不负责任的气息时，青年人这个最具活力的群体以自身的责任理性向社会输送青春正能量！

"中国梦是我们的，更是你们青年一代的。中华民族伟大复兴终将在广大青年的接力奋斗中变为现实。"

以青春之我，创建青春之中国

　　和这些十几岁的青少年的谈话中，我最经常说的一句话是："你 17 岁懂的道理跟 60 岁没有什么区别。道理你比我还懂。所以，我不跟你讲道理，我只跟你讲一句话：好的，坏的，都得你自己担着，因为这是你自己选择的。"

　　我从来不主张强加这样那样的道理给他们，因为这些道理他们比我们还懂；而且，我们未必比他们更有资格来教育这些道理——或许，这就是这个时代最主要的特征。

　　我们要做的，是让他们明白并明智地去做选择题：这样做，对我有害，还是有利？

　　这就是从有利于他们的价值和利益出发，去自我觉悟，自觉自为。整体来说，90 后中学生最关心的就是两个方面的话题：一个是情感，包括男女朋友、家庭家长方面；二是"自我成长"，就是自己的发现与定义、心灵成长和自我实现。

　　说白一点，这两个方面其实都是在"自悟"（自我觉悟）和"关系"（在和老师、同学、家长及其他人的关系中定义与塑造自我）中自我认识并实现自我价值。所以，可以这么说，"自我成长"是出自他们内心的心灵渴求，是他们自我的心灵成长和在他人关系中实现自我价值的精神动力。

对"自我成长"的指引则是与此对应的教育过程，但是，这种教育不是传统的灌输式，不是"我们教给你的"，而是启发式的，是"你指引他去逐步发现和实现的"，也就是前面我们所说的自我觉悟、自觉自为的过程，所以是"自我教育"，而非"我教育你"。

这是一种教育理念的变革——

如何从有利于青少年的价值和利益出发，去指引他们自我觉悟，自觉自为地锤炼自己的能力，培育肩负责任的使命感，以及为祖国崛起而奋斗的爱国情结？

我一直相信，社会在进步，长江后浪真的会推动前浪。

周恩来和邓小平都说过"可以留一点问题给后面的人来解决"，下一代人会通过他们的智慧，解决上一代人无法解决的问题。他们也会有更多的游戏规则，更新的契约方式，来改变这个社会，来担当社会的责任。

90后，00后，包括之后的一代又一代的新人，是全新的一代，也将，必将成为祖国的中流砥柱。

让我们拭目以待，他们，将怎样改变中国！